**MEU CAMINHO
É CHÃO E CÉU**
DADI

RIO DE JANEIRO • SÃO PAULO

2014

CIP-BRASIL. CATALOGAÇÃO NA FONTE
SINDICATO NACIONAL DOS EDITORES DE LIVROS, RJ

D122m

Dadi, 1952-
    Meu caminho é chão e céu / Dadi – Rio de Janeiro: Record, 2014.

ISBN 978-85-01-08699-0

1. Dadi, 1952-. 2. Músicos – Brasil – Biografia. 3. Música popular – Brasil.
I. Título.

10-4117   CDD: 927.8042
                   CDU: 929:78.067.26

Capa e projeto gráfico de miolo: Leonardo Iaccarino
Capa – Foto do Dadi: Mario Luiz Thompson
Capa – Textura: Agsandrew | Shutterstock
Encarte e diagramação de miolo: Filigrana

Proibida a reprodução integral ou parcial em livro ou qualquer outra forma de publicação sem autorização expressa do autor. Reservados todos os direitos de tradução e adaptação.

Copyright © Eduardo Magalhães de Carvalho, 2014

Texto revisado segundo o novo Acordo Ortográfico da Língua Portuguesa.

Todos os esforços foram feitos para localizar os fotógrafos das imagens reproduzidas neste livro. A editora compromete-se a dar os devidos créditos numa próxima edição, caso os autores as reconheçam e possam provar sua autoria. Nossa intenção é divulgar o material iconográfico que marcou uma época sem qualquer intuito de violar direitos de terceiros.

EDITORA RECORD LTDA.
Rua Argentina, 171 – 20921-380 – Rio de Janeiro, RJ – Tel.: (21) 2585-2000

Impresso no Brasil
ISBN: 978-85-01-08699-0

Seja um leitor preferencial Record.
Cadastre-se e receba informações sobre nossos lançamentos e nossas promoções.
Atendimento e venda direta ao leitor:
mdireto@record.com.br ou (21) 2585-2002

EDITORA AFILIADA

Para Losinh

Sumário

Apresentação,
por *Heloisa Carvalho Tapajós*   9

I.

Ipanema   17
The Goofies   21
Colégio Rio de Janeiro   25

II.

Os Novos Baianos   31
Jorge Ben Jor   69
A Cor do Som   88

III.

Entressafra   125
Barão Vermelho   128
Caetano Veloso   130

IV.

Marisa Monte   139
Tribalistas   150
Rita Lee   155
Japão   157

Meu começo é o meu caminho   167

Discografia   171

Apresentação

Palmas para todos os instrumentistas.

Chico Buarque

A história que você vai ler é um relato pessoal de um grande músico brasileiro, cuja carreira artística venho acompanhando bem de perto, desde os tempos em que ele fazia muito "barulhinho bom" em casa, junto com seus colegas de escola, enquanto eu estudava pra faculdade de Sociologia no quarto que era só meu – privilégio concedido pelo fato de ser a única menina numa família de cinco filhos. Muitas vezes, eu tinha que interromper minhas leituras pra "tirar a letra" de algum rock que ele precisava ensaiar com os amigos. Graças a isso, sendo absolutamente apaixonada pela música que se faz em nosso país, ainda sei de cor muitas música que, naquela época, fizeram a cabeça do meu irmão Dadi. *I know it's only rock n'roll... But I like it.*

Sempre pensei que meus irmãos deveriam colocar no papel as histórias que eles vivenciaram (e ainda vivenciam), na condição de profissionais da música brasileira (Mú e Dadi, como instrumentistas, e Sérgio, como produtor musical) porque, a cada reunião familiar, a gente se diverte muito com o que eles têm pra contar. Dadi saiu na frente, com uma rapidez que me deixou impressionada! Entre shows e gravações, ele conseguiu arranjar um tempo para escrever suas memórias. Tudo veio num fluxo criativo ininterrupto, e durante um mês batemos uma bola virtual, já que fui brindada com a possibilidade de ser a leitora número dois (a Leilinha viu tudo nascer) e com a função que muito me honra neste livro.

A vida dos artistas tem seu lado glamouroso. Quando nós – simples mortais – os vemos no palco, esquecemos o tanto de ralação e transpiração que são necessárias para aquele momento mágico acontecer. E ainda as noites passadas em claro, os momentos ausentes de casa, o peso dos instrumentos provocando dores na coluna, e muitas vezes uma absoluta falta de grana. Para sobreviver, o músico brasileiro muitas vezes se dedica a mais de um trabalho, sem contar as gigs em que eles se metem por puro amor e prazer. Mas quando é assim, tá tudo ótimo. O pior é quando rola aquele momento de vácuo profissional... Dadi é um músico brasileiro e vive a realidade do músico brasileiro.

Sua trajetória artística, que ele conta neste livro com um incrível senso de humor, se confunde com a história recente da música popular brasileira.

Conviver com ele é um privilégio.

Foi com certo espanto que vi subitamente o cenário de seus shows mudar de endereço: da nossa casa para um espaço público. De repente, lá estava ele vestido de anjo, com uma tocha incandescente ao seu lado (o que deixou minha mãe apavorada!), tocando quase de costas pra plateia, junto com todo o pessoal que formava o conjunto Os Novos Baianos.

E quando ouvi a leitura deles para "Brasil pandeiro", do Assis Valente, vi que ali tinha coisa! Não deu outra. Depois, teve um disco com o Moraes Moreira e, logo em seguida, lá estava o Dadi com o Jorge Ben Jor... Tudo andando muito rápido, ainda tocando com o Jorge, Dadi já gerava novas ideias musicais. Ao lado de Armandinho, Gustavo Schroeter, Ary Dias e nosso irmão caçula Mú, sob o olhar sempre atento e o faro irretocável do André Midani: nascia A Cor do Som. Muitos shows e discos gravados, numa linguagem revolucionária e com um conteúdo essencialmente brasileiro.

Após a dissolução do grupo e uma breve passagem pelo Barão Vermelho, Dadi finalmente realiza um sonho: tocar com Caetano Veloso. E lá vai ele pelo mundo afora na turnê de *Circuladô* pra depois, novamente ao lado do Mú, se juntar a Vinicius Cantuária, Ritchie, Cláudio Zolli e Billy Forghieri no grupo Tigres de Bengala, que gravou apenas um disco. E chega Marisa Monte na sua vida, com uma estética musical que lota as plateias por onde passa. Houve ainda o inesquecível momento Rita Lee – o melhor do cool rock brasileiro! – e, ainda ao lado de Marisa, e de Arnaldo Antunes e Carlinhos Brown, o estouro *Tribalistas*, em que Dadi se multiplicou em instrumentos.

Faltava mesmo o registro solo, sendo ele autor de várias canções. E veio o primeiro CD, *Dadi*, gravado nas brechas de seus trabalhos com outros artistas. E o segundo CD, *Bem aqui*, lançado originalmente no Japão.

O talento como músico já é domínio público. A faceta de escritor, ele mostra agora. E eu deixo você, leitor, com as histórias do Dadi – as histórias de um músico brasileiro, que eu li e reli, entre lágrimas de emoção e muitas risadas...

Heloisa Carvalho Tapajós (Losinha)

Eu não sou um escritor, sou um músico que teve a sorte de participar de alguns momentos maneiros da música brasileira. Este livro não é uma autobiografia, mas sim um registro de algumas das minhas experiências, um pouco de uma época da música no Brasil que eu tive o prazer de vivenciar.

Com certeza, deixei de contar outras várias maravilhosas histórias, como também devo ter esquecido de mencionar muitas pessoas que foram especiais pra mim. Este livro é dedicado a essas pessoas que cruzaram o meu caminho durante todos os anos e por todos os lugares pelos quais passei, e que me deram sua atenção e o seu carinho. Também é para todos os músicos que eu conheci no meu país e pelo mundo afora, com os quais sempre aprendi muito, às vezes tocando junto, às vezes apenas ouvindo.

I.

POR CAUSA DE VOCÊ.

JORGE BEN JOR

Ipanema

Eu tinha onze anos em 1963, quando a música entrou para sempre em minha vida. Naquela época, ainda que de certa forma sonhasse com isso, eu jamais poderia imaginar que um dia tocaria de verdade com o meu primeiro grande ídolo e mestre Jorge Ben Jor. Menos ainda que ao longo de minha carreira dividiria palcos e estúdios com outros artistas que tanto admirava, ou que alguém pediria o meu autógrafo do outro lado do mundo.

Minha família morava em Ipanema, perto da praça General Osório, no andar térreo de um edifício da rua Visconde de Pirajá. Éramos sete: eu, meus pais, Haroldo e Flavita, e meus quatro irmãos. No apartamento ao lado, moravam meus tios com nossos sete primos, com idades que batiam com as nossas. Nem preciso dizer que a gente deixava minha mãe enlouquecida: minha primeira lembrança de infância foi quando meus pais me esqueceram em casa, com dois anos de idade, fantasiado de palhaço, num dia de carnaval. Eu sozinho dentro daquele apartamento enorme, sem ter como alcançar as maçanetas.

NAQUELA ÉPOCA, EU JAMAIS PODERIA IMAGINAR QUE UM DIA TOCARIA DE VERDADE COM O MEU PRIMEIRO GRANDE ÍDOLO E MESTRE JORGE BEN JOR.

Fui batizado Eduardo, mas não me lembro de me chamarem por esse nome, só de Dadi. Meu pai, que era funcionário do Banco do Brasil, colocou apelido em quase todos nós, menos no Sérgio: Mú (Maurício), Losinha (Heloisa) e Toca (Roberto), ironicamente o único que não seguiu a carreira de músico, é economista.

A música estava sempre presente em nossa casa. Minha mãe, uma amante da música erudita e do balé clássico, tocava piano toda tarde. Chopin e Beethoven, principalmente. Mas também costumava ouvir Bach, Vivaldi e Tchaikovsky na vitrola, de modo que os grandes mestres foram responsáveis pela trilha sonora de minhas aventuras, invenções e curiosidades da infância. Eu gostava de pensar sobre o Universo: "E se não existisse 'nada'? O 'nada' seria alguma coisa?" Esse pensamento me angustiava.

Como era a Ipanema dos anos sessenta, a bossa nova rolava lindamente. Losinha, que já era adolescente na época, tinha todos os discos de Tom Jobim, Carlos Lyra, Edu Lobo e tudo mais. Meu irmão Sérgio, que se tornou um grande produtor musical, tocava num trio – piano, baixo acústico e bateria – junto com nosso primo-vizinho Cláudio e o amigo Roberto Abramson. O repertório deles eram temas instrumentais, meio jazz e bossa, tipo Bossa Três e Zimbo Trio.

Eu também era amigo dos porteiros do Teatro Santa Rosa, que ficava bem próximo à nossa casa (funcionou até 1976), e eles me deixavam entrar pra assistir aos ensaios dos shows que rolavam por lá. Com nove anos, eu já via Bossa Três, Rosinha de Valença, Wilson Simonal, Edu Lobo... Aquele ambiente, a magia do palco, os instrumentos e a música me faziam viajar.

MAS FOI QUANDO DESCOBRI O DISCO *SAMBA ESQUEMA NOVO* QUE EU PIREI DE VEZ! ELE ME FEZ DECIDIR, JÁ NAQUELA ÉPOCA, QUE A MÚSICA SERIA A MINHA VIDA.

Mas foi quando descobri o disco *Samba esquema novo* que eu pirei de vez! O prédio onde a gente morava era antigo, e o nosso apartamento tinha um quintal bem grande com um galpão no fundo, onde a gente tinha uma outra vitrola. Eu ficava lá tardes inteiras ouvindo Jorge Ben Jor... Ouvia sem parar "Mas que nada", "Chove chuva" e todas as outras faixas. Ouvia alto e fingia que estava tocando com uma vassoura. Aquele disco me fez decidir, já naquela época, que a música seria a minha vida.

Meu pai comprou uma bateria Saema vermelha e disse que era minha e do Sérgio (só depois de velho fui saber por meu irmão que a bateria era só dele). Com ela, arrisquei minhas primeiras batidas, seguindo o som dos discos da Losinha. Então, posso dizer que comecei a minha carreira tocando bossa nova na Saema vermelha e acompanhando Jorge Ben Jor com uma vassoura no galpão de minha casa.

Meus estudos começaram cedo porque meus primos e meus irmãos estudavam no Colégio São Fernando, e eu achava bem bacana aquele lance de usar uniforme. Pedi pra minha mãe que me colocasse logo na escola. Logo na primeira semana me arrependi, mas já era tarde demais! Tive que encarar, sempre caindo de sono nas aulas. Eu realmente não tinha nascido praquilo. Cheguei até a pensar em estudar Arquitetura, porque sempre gostei muito de desenhar, mas acabei largando o colégio na metade do primeiro ano científico (o equivalente hoje ao ensino médio) para me juntar aos Novos Baianos.

The Goofies

Quando ouvi os Beatles, foi como mergulhar num mar azul e descobrir outras cores. Não lembro exatamente quando foi a primeira vez: eles foram chegando em ondas, no rádio, na TV, na casa de amigos que compraram seus discos, no cinema. Fui ver o primeiro filme deles, *A Hard Days Night* – lançado na época como *Os reis do iê iê iê* –, várias vezes, e a marcha engatou. E quando ouvi pela primeira vez o riff de "Satisfaction", dos Rolling Stones, o rock n' roll tomou conta geral da minha cabeça: The Who, The Kinks, Beach Boys... A coisa foi séria!

Quando tinha treze anos, eu e uns colegas de escola formamos uma banda, que primeiro se chamou The Lumber Men (Os Homens de Madeira) e depois The Goofies (Os Patetas).

A primeira formação era Paulo Afonso na bateria, Rick Ferreira e Pedrinho Lima – que me ensinaram os primeiros acordes – nas guitarras, e eu no baixo, pois esse era o único instrumento que eles não arrumaram ninguém para tocar.

Em 1964, o avô do Rick, dr. Manoel Ferreira – grande médico e hoje nome de uma rua na Gávea –, viajou para os Estados Unidos. Ele tinha ido participar de um congresso, e trouxe de lá uma guitarra Gretsch Viking – igual à do George Harrison! – para o Rick e uma bateria Rogers para o irmão dele, o Neco, que acabou tomando o lugar do Paulo Afonso na banda, com sua Rogers! Naquela época, era quase um conto de fadas você ver instrumentos como aqueles. Até hoje me lembro do cheiro delicioso que a gente sentiu quando abriu as caixas. O dr. Maneco, por ser médico, tinha muita habilidade manual. Adorava brincar de trem elétrico, e montou praticamente uma cidade, com montanhas e tudo mais, na oficina do apartamento. Foi ele quem fez o meu primeiro baixo.

QUANDO OUVI OS BEATLES, FOI COMO MERGULHAR NUM MAR AZUL E DESCOBRIR OUTRAS CORES.

Os Goofies tocavam em festas de amigos, na Zona Sul. Tínhamos nosso público e chegamos a ganhar cachê pelo menos uma vez. No nosso repertório tinha Beatles, Stones, Who, Kinks. A Losinha, amante da música brasileira, era obrigada a ouvir rock, pois era a nossa encarregada em tirar as letras em inglês – por sinal, todos os meus amigos eram apaixonados por ela. Quem cantava era o Pedrinho, que sabia um pouco de inglês, e o que não sabia, inventava.

Era meu pai quem levava e buscava a gente quando íamos tocar nas festas. Ele tinha uma caminhonete e sempre ajudava a colocar os instrumentos no carro. Era superprotetor e gostava de estar por perto. Isso não me agradava na época, mas hoje, sendo pai de dois filhos, reconheço que sou até pior do que ele nesse aspecto. Meu pai contava, rindo – pois tinha um incrível senso de humor –, que um dia, quando colocava os instrumentos no carro, o Paulo Afonso, nosso primeiro baterista, chamou a atenção dele: "Seu Haroldo, estamos atrasados! Vamos logo!"

QUANDO TINHA TREZE ANOS, EU E UNS COLEGAS DE ESCOLA FORMAMOS UMA BANDA, QUE PRIMEIRO SE CHAMOU THE LUMBER MEN E DEPOIS THE GOOFIES.

Às vezes a gente ensaiava na casa do dr. Maneco e outras na varanda da casa da minha avó Aída, que tinha vista para a Visconde de Pirajá. Ali era como um palco, com as pessoas no ponto do ônibus olhando pra gente, como uma grande plateia. A gente ensaiava direto e ia tirando as músicas de ouvido. Isso durou até que o vizinho da frente ameaçou dar um tiro. Resolvemos, então, que era melhor mudar o lugar do ensaio e fomos para a garagem da casa do Rick e do Neco, numa rua sem saída, também em Ipanema.

Foi lá que, quando já estávamos com uns quinze anos, o Pedrinho Lima apareceu com um cigarrinho diferente que ganhou de um amigo que morava em Copacabana. Ficamos chocados! Tivemos uma reunião e uma conversa séria com ele. Pedimos que pensasse na mãe dele: o que ela sentiria se descobrisse? Uma semana depois, porém, todos nós já havíamos experimentado o tal cigarro. Era muito bom: a gente ria muito, tocava com os olhos fechados e depois se entupia de doces deliciosos! Dona Regina, mãe do Rick e do Neco, não entendia por que a gente ria de tudo...

Também chegamos a tocar na extinta TV Excelsior, ali mesmo em Ipanema, no programa do Wilton Franco, que era ao vivo. Eu fui o escolhido para responder às perguntas da entrevista. Só conseguia dizer "sim" e "não". Meu pai gozou muito da minha cara.

Junto da rapaziada dos Goofies, tinha mais amigos músicos, como o Louie, o Johnny e o Chico Magalhães. A gente se encontrava sempre pra tocar e pra ouvir os discos importados que algum de nós conseguia. Eu me lembro de comprar na Feira da Providência o *Revolver*, dos Beatles, e o *Fresh Cream*, do Cream. Quem me chamou a atenção para o Cream foi um amigo, o pianista clássico hoje internacionalmente respeitado Jean Louis Steuerman. Quando ouvi o mestre Jimi Hendrix pela primeira vez, parecia música de outro mundo: *Are You Experienced*, *Axis: Bold as a Love*! Nunca mais existiu um som de guitarra daqueles, o jeito que o Jimi usava o wah-wah na música "Up From the Skies", não tem pra ninguém! Eu sou totalmente a favor do mundo andar pra frente. Adoro poder, hoje em dia, gravar minhas coisas em casa, graças à era digital. Mas aqueles discos, aquelas capas... Minha viagem musical começava a ganhar um novo colorido.

ERA MUITO BOM: A GENTE RIA MUITO, TOCAVA COM OS OLHOS FECHADOS E DEPOIS SE ENTUPIA DE DOCES DELICIOSOS!

Colégio Rio de Janeiro

Quando eu tinha quinze anos, os Goofies acabaram. Aos dezesseis, depois de repetir o primeiro ano Ginasial – eu não prestava atenção em nada, ficava desenhando e pensando em música –, fui matriculado no Colégio Rio de Janeiro, na rua Nascimento Silva, em Ipanema. Eu estudava no turno da manhã. Foi quando comecei a tocar com o meu vizinho e colega de escola Louie, um cara muito talentoso e com uma voz incrível! Ele no violão base e na voz, e eu no violão solo: a gente ficava a tarde toda tocando Bob Dylan, Jethro Tull, James Taylor, Neil Young, Hendrix, Crosby, Stills and Nash...

Tinha uma banda de cover maravilhosa, The Bubbles, com os irmãos Renato e César Ladeira, e a gente ia assistir aos ensaios deles. Foi quando eu conheci o Arnaldo Brandão, que era o baixista da banda. Somos amigos até hoje. Eles eram muito feras! Eram mais profissionais que os Goofies, faziam shows até na Zona Norte. Quando mudaram o batera, quem entrou foi o Johnny Telles, um tremendo músico, que também tocava violão e cantava. Era completo. Ficamos muito amigos e, já aos dezoito anos, quando eu acordava para ir ao colégio, o Louie e o Johnny já estavam me esperando na porta de casa, às oito horas da manhã, pra gente ir tocar em algum lugar. Eu matava as aulas quase todos os dias. Os anos sessenta chegavam ao fim e começavam os anos setenta, a era da loucura: sex, drugs and rock n' roll!

Eu estava totalmente integrado à galera do rock, mas outras coisas também me chamavam a atenção, como o programa *O fino da bossa*, com Elis Regina, Jair Rodrigues e Zimbo Trio.

De Caetano Veloso, ouvi falar pela primeira vez num daqueles shows a que eu assistia escondido no Teatro Santa Rosa, onde o Wilson Simonal cantou uma música que ele disse ser do irmão da Maria Bethânia – "É de manhã..." –, que eu me amarrei muito. E bem mais tarde, quando ouvi "Alegria, alegria", me identifiquei logo com a Tropicália, Gilberto Gil e Os Mutantes. Eles tinham um lance rock n' roll, como em "É proibido proibir", com Caetano fazendo aquele discurso clássico no Tuca, o teatro da PUC-SP, contra a juventude conservadora que o vaiava. Era como se eu estivesse lá, ao lado dele... E, anos depois, eu estaria mesmo.

ERAM MÚSICAS E POSTURAS FORTES, COMO EM "É PROIBIDO PROIBIR", COM CAETANO FAZENDO AQUELE DISCURSO CLÁSSICO! ERA COMO SE EU ESTIVESSE LÁ, AO LADO DELE... E, ANOS DEPOIS, EU ESTARIA MESMO.

Ipanema na época era tipo uma cidade pequena onde todo mundo se conhecia. Eu e Louie tínhamos muitos amigos com quem encontrávamos no Bob's da Garcia d'Ávila. A rapaziada era grande, e todo dia rolava uma geral dos "homem". Era a ditadura pegando, e a gente, metido a hippie, tendo que ficar ligado o tempo todo, toda hora passando sufoco. Mas como sou um cara sortudo, nunca aconteceu nada comigo. Também era comum a gente dar uma chegada no Arpoador pra relaxar, encontrar os amigos e "ver o que rolava", depois de ficar tocando um tempão, já que Louie e eu morávamos ali perto. Foi num dias desses que eu conheci a Baby Consuelo.

II.

**VOU MOSTRANDO
COMO SOU
E VOU SENDO
COMO POSSO.**
MORAES/GALVÃO

Os Novos Baianos

Numa tarde, depois de tocar cinco horas seguidas, Louie e eu resolvemos dar aquele passeio no Arpoador, pra pegar as *good vibrations* daquele lugar mágico. Quando estávamos voltando, vimos uma amiga nossa, a Marília, que fazia parte da nossa turma enorme, com uma outra menina. Elas vieram em nossa direção, e a Marília falou pra amiga:

— Esse é que é o Dadi, o meu amigo baixista. Lembra que eu falei dele pra você?

A amiga era a Baby, que eu ainda não conhecia, apesar de já ter escutado – e curtido – no rádio a música "Ferro na boneca", o primeiro sucesso dos Novos Baianos. A Baby falou que tinha uma banda, que ia fazer uma temporada no Rio, no Teatro Casa Grande, e que estava precisando de um baixista. E me perguntou o que eu estava fazendo. Eu, achando que ela estava se referindo àquele momento, respondi:

— Nada.

Então ela me perguntou se eu poderia me encontrar com eles no dia seguinte à tarde.

— Ok, eu disse.

E ela me deu então o endereço de um apartamento no Leblon. Quando as duas meninas foram embora, o Louie, que estava comigo e ouviu todo o papo, falou:

— Quer dizer que tocar comigo é fazer nada?

É, ele ficou zangado. Nessa época eu estava sem baixo, e foi o Arnaldo Brandão quem me emprestou um Snake semiacústico para que eu pudesse ir ao encontro dos Novos Baianos. Durante muito tempo esse foi o instrumento que usei nos shows.

A BABY FALOU QUE TINHA UMA BANDA, QUE IA FAZER UMA TEMPORADA NO RIO, NO TEATRO CASA GRANDE, E QUE ESTAVA PRECISANDO DE UM BAIXISTA.

Conforme o combinado, no dia seguinte à tarde fui até o endereço que a Baby tinha me dado. Era a casa do Taiguara. Hospedados lá, estavam o Moraes Moreira, o Paulinho Boca de Cantor, a Baby, o Pepeu Gomes e o Galvão. Por coincidência, eu tinha visto um deles dois dias antes numa festa no Leblon, e me lembro de ter pensado "Quem será esse hippie? Ele parece um mendigo!".

Depois de apresentados, fomos para um quarto – o Pepeu com uma guitarra Giannini, o Moraes com o violão e eu com o baixo Snake. Era a minha audition com os Novos Baianos. Começamos a tocar algumas músicas do Moraes e do Galvão, e logo rolou uma grande sintonia musical. Fui aprovado! O Galvão se empolgou e disse que estava formada a banda que iria acompanhar os Novos Baianos: seria o Pepeu na guitarra, eu no baixo e o irmão do Pepeu, o Jorginho – que eu ainda não conhecia e que ia chegar da Bahia dali a dois dias – na bateria. Tinha também um baterista/percussionista de São Paulo que ia aparecer depois, o Baixinho. Galvão falou:

— O nome dessa banda vai ser A Cor do Som

"A cor do som" era o título de uma música dele com o Moraes. Alguns anos mais tarde, com o consentimento do Galvão e do Pepeu, eu usaria esse nome para a banda que eu ia formar.

Com a temporada marcada para o Casa Grande, começaram os preparativos. O show era produzido pelo empresário Paulinho Lima, que trabalhava com a Gal Costa, pela atriz Anecy Rocha, irmã do Glauber, e pelo cineasta Antonio Carlos da Fontoura, que investiram uma boa grana. Foi quando tirei meu CPF e minha carteira da Ordem dos Músicos, junto com Pepeu e Jorginho, para os contratos do show.

COMEÇAMOS A TOCAR ALGUMAS MÚSICAS DO MORAES E DO GALVÃO E LOGO ROLOU UMA GRANDE SINTONIA MUSICAL. FUI APROVADO! O GALVÃO SE EMPOLGOU E FALOU QUE ESTAVA FORMADA A BANDA QUE IRIA ACOMPANHAR OS NOVOS BAIANOS.

Os Novos Baianos alugaram uma cobertura em Botafogo, na Conde de Irajá. Foi aí que começou a loucura!

Aqui cabe um parêntese: o primeiro baiano que eu conheci foi o poeta Waly Salomão, através do diretor de cinema e fotógrafo Ivan Cardoso e do artista plástico Hélio Oiticica. Foi a nossa era underground! Eu e Louie íamos à casa do Hélio para tocar. Ele adorava! E tenho muito orgulho de ter sido amigo dele e de ter visto seus *Parangolés* de perto. Essas visitas serviram de estágio para o que eu viveria depois

Às vezes, eu não entedia o que eles falavam, parecia uma outra língua, o baianês! Eu e Pepeu tivemos logo uma grande afinidade, pois nosso gosto musical era o mesmo: basicamente Jimi Hendrix e Eric Clapton. Lembro quando nós dois fomos para a portaria do prédio para esperar o Jorginho, que chegava da Bahia de ônibus. Jorginho desceu de um táxi com aquela cara de criança... Ele tinha quinze anos. Dois dias depois, chegaram Bolacha e Baixinho, que os Novos Baianos tinham conhecido em São Paulo, quando ficaram por lá. Bolacha tinha um Fusca verde, que foi durante muito tempo o transporte oficial dos Novos Baianos. Eu tinha só dezenove anos, e tudo era a maior curtição. Mas foi naquela cobertura em Botafogo que comecei minha carreira profissional.

AQUI CABE UM PARÊNTESE: O PRIMEIRO BAIANO QUE EU CONHECI FOI O POETA WALY SALOMÃO, ATRAVÉS DO DIRETOR DE CINEMA E FOTÓGRAFO IVAN CARDOSO E DO ARTISTA PLÁSTICO HÉLIO OITICICA. FOI A NOSSA ERA UNDERGROUND!

O show que começamos a ensaiar no Casa Grande era bem diferente do som que as pessoas conhecem hoje como o dos Novos Baianos. Era em cima do LP *É ferro na boneca*, com uma pegada rock, talvez meio progressivo. O show era hilário, a direção do Galvão era inspirada na Bíblia, que era o livro que rolava no apartamento. Eu adorava ouvir o Paulinho Boca filosofar de madrugada em cima das leituras do Evangelho, apesar de ele ser um pouco gago quando fala. Eu pensava: "O Paulinho é muito fera!"

O figurino do show era todo inspirado, logicamente, nas roupas de santos e anjos. Jorginho, Baixinho e eu vestíamos uma espécie de bata de seda, com uma faixa em volta, como anjos. O Pepeu era Santo Antônio, o Paulinho era um outro santo, o Moraes vestia uma espécie de fralda, como Jesus Cristo, e a Baby, com um espelho na testa, era uma santa!

Meu pai – super cuidadoso com suas crias – ficou realmente preocupado com aquele bando de cabeludos que fizeram o filho dele sair do colégio. Mas, ao mesmo tempo, respeitava a minha decisão de ser músico.

Um dia, pra saber onde eu estava me metendo, meu pai convidou o Galvão pra jantar na churrascaria Carreta, em Ipanema. Nesse encontro, ele, em silêncio, ouvia Galvão falando altas loucuras. Acho que sofreu bastante com aquele papo. Meus pais ficaram realmente assustados. Mas eles viram que não tinha volta, que o jeito era me darem alguns conselhos. Eu tive vários amigos muito loucos que pegaram pesado em tudo. Acho que meu grande lance foi sempre ter pegado leve.

MEU PAI FICOU REALMENTE PREOCUPADO COM AQUELE BANDO DE CABELUDOS QUE FIZERAM O FILHO DELE SAIR DO COLÉGIO.

Voltando ao Casa Grande, o show foi um grande fracasso de público. Só quem ia ver eram aqueles nossos amigos que se reuniam no Bob's. Eu ficava em cima de um andaime alto, no canto esquerdo do palco. Galvão decidiu que, em determinada música, alguém, sem ficar visível para a plateia, seguraria uma tocha de verdade bem ao meu lado. Eu sentia um calor danado com aquela quentura bem perto da minha roupa de anjo, de seda azul com uma faixa amarela... Minha mãe, que estava assistindo à estreia do show, pensou: "Vão queimar meu filho!" Quando o show terminou, ela foi até a Baby com as seguintes palavras:

— Baby, que loucura! Aquela tocha vai queimar o Dadi!

— Não está na hora de queimar o menino..., respondeu Baby, dando muita risada.

No dia seguinte, Galvão retirou a tocha do espetáculo.

Um dia, fomos gravar o programa do Chacrinha na TV Globo. Tocando mesmo, ainda não era playback. Antes de ir pra emissora, passamos no Teatro Casa Grande pra vestir as mesmas roupas que usávamos no show. Caminhando pela rua em direção aos táxis com aquele figurino bíblico, parecíamos um presépio vivo – e nem era Natal. Chamamos muita atenção. Foi bem legal tocar no Chacrinha. Era a Baby quem cantava a música homônima "Baby Consuelo", do LP *É ferro na boneca*.

EU TIVE VÁRIOS AMIGOS MUITO LOUCOS QUE PEGARAM PESADO EM TUDO. ACHO QUE MEU GRANDE LANCE FOI SEMPRE TER PEGADO LEVE.

Depois dos shows, era comum irmos com toda a plateia – ou seja, nossos amigos – pra a Floresta da Tijuca, pra fumar uns baseados. Um dia, estávamos lá no maior astral quando, de repente, surgiu a luz de um carro. Éramos muitos, fazíamos uma roda no chão. Achamos que chegavam mais alguns amigos, mas era um camburão da Polícia Militar. Foi um tal de dispensar tudo no mato e fazer cara de inocente. Dois PMs saíram apontando logo suas lanternas por trás da roda em que estávamos, na certeza de que iam encontrar algo, enquanto o tenente andava de um lado para o outro no meio da gente, fazendo o maior terror. Até que um dos soldados falou:

— Achei, tenente.

Ele tinha encontrado uma bagana... Rolou aquele sufoco básico. Uma amiga nossa, lindíssima, tentou convencer o tenente, no papo, de que a gente não estava fazendo nada de mais... Não colou, e o resultado é que tivemos que fazer uma vaquinha.

Como a temporada no Casa Grande não teve o sucesso esperado, começou a fase da dureza, que durou bastante tempo. Foi nesse momento que entrei pela primeira vez num estúdio – o da Phonogram, que ficava no Centro, na Rio Branco – como profissional de música. Era a gravação de um compacto duplo.

O disco não fez sucesso, mas uma das faixas, "Dê um rolê", estourou mais tarde, na voz da Gal Costa. Então, o jeito foi ficar tocando no apartamento. Aí começou a ideia de sermos uma banda que mora junto e divide tudo, meio como na letra do Dylan, "When you ain't got nothing, you ain't got nothing to loose". Às vezes, eu pegava coisas em casa, comida e até roupa, pra levar pra galera. Um dia, a Losinha viu o Paulinho Boca de Cantor num show dos Novos Baianos, no palco do Teatro Tereza Rachel, com a blusa novinha que ela tinha comprado.

O apartamento praticamente não tinha mobília e era dividido com panos, como se fossem cabanas, com vários edredons espalhados pelo chão, servindo de camas. Paulinho Boca – que era casado com Marilinha e já tinha uma filha, Maria Buchinha – ficava num quarto; Baby, que namorava o Pepeu, em outro; e Moraes, que começou a namorar a Marília – aquela amiga que me apresentou à Baby no Arpoador –, morava numa cama que ficava entre o corredor e a varanda da cobertura, isolada por uns panos que davam certa intimidade – mas não exatamente uma intimidade sonora... E os solteiros – eu, Galvão, Jorginho, Bolacha, Baixinho, Gato Félix, um baiano que ia dançar nos shows, e eventuais agregados – ficavam numa grande cabana na sala.

Eu estava no fim da minha adolescência e sentia que meus amigos cariocas tinham certo ciúme por eu estar vivendo com os Baianos. Por outro lado, os Baianos não gostavam que eu sumisse para viajar com meus amigos cariocas. Eu ficava umas semanas na cobertura, às vezes ia pra casa dos meus pais, ou viajava com amigos, quando não estava rolando muita coisa com a banda. Não era fixo do apê como o resto da galera. Eu era on the road. Sempre gostei da liberdade.

Mas a gente se divertia bastante naquela cobertura, tocando o tempo todo, fazendo bolos – quando a fome apertava, eu e Pepeu pegávamos farinha, manteiga e o que tivesse na geladeira e batíamos –, jogando capitão – aquele jogo de criança que usa cinco pedras, lançando uma para cima e pegando uma por uma as outras do chão – e filosofando nas madrugadas...

ÀS VEZES, EU PEGAVA COISAS EM CASA, COMIDA E ATÉ ROUPA, PRA LEVAR PRA GALERA. UM DIA, A LOSINHA VIU O PAULINHO BOCA DE CANTOR NUM SHOW DOS NOVOS BAIANOS, NO PALCO DO TEATRO TEREZA RACHEL, COM A BLUSA NOVINHA QUE ELA TINHA COMPRADO.

Os horários no apartamento dos Novos Baianos eram mutantes, como dormir às nove da noite e acordar às duas da manhã para ver o que estava rolando. Foi numa noite dessas que uma visita especial aconteceu, a de João Gilberto. Ele mudaria a sonoridade dos Novos Baianos.

O Galvão é de Juazeiro, mesma terra do João. Eles tinham se falado alguns dias antes. Galvão tinha lhe contado como era a vida no apartamento, e João disse que um dia talvez aparecesse por lá. Foi uma noite mágica! Não é pra botar água na boca de ninguém, mas ouvir João tocar e cantar sem microfone, ouvir seu violão e o som natural de sua voz, leva a um lugar muito especial, que a gente nunca esquece. Nesse dia, a gente fez uma roda na sala, na tenda dos solteiros, em volta do mestre, e ele cantou até o amanhecer. Às vezes, ele pedia pra gente fazer um vocal.

OUVIR JOÃO GILBERTO TOCAR E CANTAR SEM MICROFONE, OUVIR SEU VIOLÃO E O SOM NATURAL DE SUA VOZ, LEVA A UM LUGAR MUITO ESPECIAL, QUE A GENTE NUNCA ESQUECE.

Depois dessa noite, de vez em quando João aparecia de surpresa, sempre de madrugada, e ficava tocando durante horas. Era muito bom. Um dia ele apareceu às cinco da tarde. Ficamos surpresos. Abriu-se a roda na tenda dos solteiros, e João começou a cantar. Contou que estava indo pra São Paulo e que estava dando carona pra um amigo que tinha ficado esperando por ele dentro do carro. João cantava umas músicas, parava e dizia:

— Poxa, coitado... Ele está lá embaixo me esperando...

E continuava a cantar, lembrando de vez em quando do amigo no carro. Depois de umas duas horas, a campainha tocou. "É ele!", disse o João. Em seguida, isolou o violão e se trancou no banheiro. Não era o amigo dele, que já tinha ido embora há muito tempo. Outra vez, levou a Bebel, na época com cinco aninhos, que cantou lindamente, acompanhada pelo pai, "Raindrops Keep Falling on my Head".

Eu não imaginava que ia ficar tão amigo do João. Ele emana uma energia muito especial. Vou me adiantar um pouco no tempo pra contar duas histórias dele.
Saí algumas vezes de carro com João pelo Rio. Ele tinha um Opala verde-escuro com uma capota de napa preta. João é um iogue. Eu sempre tive grande ligação com ioga por intermédio da minha tia Vera

Magalhães, irmã de minha mãe, que foi minha professora, mas foi João quem nos apresentou ao livro *Autobiografia de um iogue contemporâneo*, do guru Yogananda. Até hoje, nas minhas orações, penso em Mahavatar Babaji.

Em nossos papos, ele adorava filosofar sobre a vida. Dizia que as coisas deviam fluir de forma harmoniosa. Ficava imaginando que as ruas nem precisavam ter sinais nos cruzamentos, pois o trânsito, como a vida, deveria fluir com harmonia. Ele também adorava conversar por telefone, passava horas falando, tocando e cantando. Quando descobriu que eu tinha parentesco com Joubert de Carvalho, autor de "Maringá" e "Ta-hi", João cantava trechos das músicas de Joubert ao telefone comigo.

EU NÃO IMAGINAVA QUE IA FICAR TÃO AMIGO DO JOÃO. ELE EMANA UMA ENERGIA MUITO ESPECIAL.

A outra história se passou ainda nos anos setenta. Uma noite, eu estava com o João e fomos ao Joá, na casa do Zanine – um grande arquiteto e paisagista –, onde acontecia um encontro dos mestres da música brasileira. Estavam lá, que eu me lembre, Tom Jobim, Vinicius de Moraes, Dorival Caymmi, Sílvio Caldas, Gilberto Gil, Caetano Veloso. João parou o carro na porta, não largou o volante e me pediu pra entrar e ver o que estava acontecendo lá dentro. Eu entrei na casa e vi uma roda com todos aqueles mestres ao violão, revezando-se em canções. Voltei até o carro e falei pro João o que estava se passando. Ele comentou:

— Eu não sei como o Caetano aguenta isso...

Ficamos quase uma hora na porta da casa, dentro do carro. Eu tive que entrar algumas outras vezes, a pedido do João, para relatar o que rolava lá dentro. E ele, sentado ao volante do Opala, repetia, a cada vez que eu voltava:

— Eu não sei como o Caetano aguenta isso...

Anos depois, já no fim da década de oitenta, depois de cerca de quinze anos sem ter contato com o João, encontrei Caetano no Leblon. Ele me disse:

— Vamos lá pra casa! A Paulinha foi com a Bebel buscar o João no hotel. Vamos encontrar com ele.

Fui com o Caetano para a cobertura dele, para esperarmos a Paulinha Lavigne, a Bebel e o João. Eu estava com muita vontade de revê-lo. De repente, da sala do apartamento, Caetano e eu ouvimos um carro cantar os pneus. Fomos até a janela e vimos o carro da Paulinha fazendo a curva e indo embora. Não entendemos o que estava acontecendo. Falei pro Caetano que eu achava que o João não tinha gostado de alguma coisa e que era melhor eu ir embora. No dia seguinte, Caetano me contou o que tinha acontecido. Quando a Paulinha estava estacionando o carro, o João falou:

— Tem alguém lá com o Caetano!
A Paulinha disse que não, mas ele insistiu que tinha alguém. Aí, ela falou:

— Ah, é só o Dadi.

João replicou:

— O Dadi?!

E foi nesse momento que ele abriu a porta do carro e saiu correndo, e a Paulinha ligou o carro para sair atrás dele. Caetano me contou ainda que depois que ficou sabendo o que tinha acontecido, telefonou pra João e falou:

— João, era o Dadi quem estava aqui. Eu adoro ele! Por que você saiu correndo?

João respondeu:

— Ah, o Dadinho... eu também adoro ele... mas depois vem a Baby, o Pepeu, o Moraes, o Galvão, o Paulinho Boca, o Gato Félix...

E seguiu dizendo um por um o nome de todos os integrantes dos Novos Baianos.

A presença do João Gilberto foi fundamental para a sonoridade que viria para os Novos Baianos. As músicas de Jacob do Bandolim, Luiz Gonzaga, Assis Valente e Lupicínio Rodrigues faziam parte da trilha sonora que rolava na cobertura em Botafogo. A gente se revezava em instrumentos elétricos e acústicos. Tinha o power trio, as músicas só de violão e voz, e as músicas de regional – violão, bandolim, cavaquinho, ukulele, craviola, bumbo, triângulo e afoxé. Eram várias bandas dentro de uma mesma banda.

A gente tocava o tempo todo. Novas e maravilhosas composições começaram a surgir de Moraes, um grande violonista, com uma pegada particular e conhecedor de harmonia, e de Galvão, um poeta que escrevia a poesia que vivia. Pepeu, sempre com a guitarra na mão, sugeria escalas pra gente estudar. Ficávamos nos exercitando nos nossos instrumentos durante muito tempo. A química estava certa: as músicas, a filosofia do Galvão, os arranjos, com Pepeu e Moraes guiando, e nós pra realizando as ideias musicais. A precisão era forte.

A PRESENÇA DO JOÃO FOI FUNDAMENTAL PARA A SONORIDADE QUE VIRIA PARA OS NOVOS BAIANOS. AS MÚSICAS DE JACOB DO BANDOLIM, LUIZ GONZAGA, ASSIS VALENTE E LUPICÍNIO RODRIGUES FAZIAM PARTE DA TRILHA SONORA QUE ROLAVA NA COBERTURA EM BOTAFOGO.

Eu ainda não conhecia o Caetano. Ficava perguntando pro Gato Félix como ele era. Eu queria muito conhecê-lo. O Gato falava pra mim:

— Caetano vai te adorar quando te conhecer.

Pra mim, conhecer Caetano era conhecer alguém como Jimi Hendrix, João Gilberto, Steve Winwood, Rita Lee, John Lennon, Jorge Ben Jor, os meus ídolos na época. Sou sortudo, tornei-me amigo de alguns deles.

Quando ele voltou do exílio, a Gal estava fazendo a maravilhosa temporada de *Gal a todo vapor* no Teatro Tereza Rachel, dirigida pelo Waly Salomão e com arranjos do incrível guitarrista Lanny Gordin. O Jorginho tocava nesse show, e o baixista era o grande Novelli. Quando o Lanny saiu, o Pepeu entrou no lugar dele.

Nas duas últimas semanas dessa temporada no Rio, Paulinho Lima, empresário da Gal e dos Novos Baianos, decidiu com a direção do teatro uma apresentação nossa à meia-noite, depois do show dela. Ou seja, aconteciam dois espetáculos numa mesma noite, no mesmo palco. Estes foram os primeiros concertos dos Novos Baianos, já com aquela mistura que resultou no LP *Acabou chorare*. Eram dois shows realmente especiais! Numa dessas noites, Caetano, que tinha acabado de voltar do exílio em Londres, foi assistir ao nosso show. Foi quando o conheci, junto com a Dedé. A sintonia foi perfeita!

A praia era o Píer de Ipanema. Todo mundo lá – surfe, fumo, gatas e futebol. Um dia, chegando à praia, vi uma gatinha linda, com um sorriso e uma alegria especiais. Foi ela quem veio puxar papo comigo, já que eu sempre fui tímido. Começamos a conversar, e fiquei logo apaixonado. O nome dela é Leila. Leilinha. Estamos juntos até hoje. O amor à primeira vista existe! No dia seguinte, a gente se encontrou de novo na praia e fui apresentá-la à Gal, que me perguntou quem era aquela menina. "Minha namorada", eu respondi. A Leilinha me diz até hoje que adorou quando eu falei isso. À noite, eu a levei à casa dos Novos Baianos. A gente só queria saber de ficar se beijando.

PARA MIM, CONHECER CAETANO ERA CONHECER ALGUÉM COMO JIMI HENDRIX, JOÃO GILBERTO, STEVE WINWOOD, RITA LEE, JOHN LENNON, JORGE BEN JOR, OS MEUS ÍDOLOS NA ÉPOCA. SOU SORTUDO, TORNEI-ME AMIGO DE ALGUNS DELES.

Depois de um tempo, os Novos Baianos resolveram sair da cobertura de Botafogo e alugaram um sítio em Vargem Grande, o Cantinho do Vovô. O lugar era imenso, com duas casas grandes. No fundo do terreno tinha uns galinheiros abandonados, construídos com madeira, que se tornaram nosso estúdio de ensaio. Eu me lembro do Moraes, o dia inteiro com o violão, descobrindo os caminhos para aquelas composições maravilhosas, e também do Galvão escrevendo sobre tudo, o tempo todo.

As letras eram sobre o que estava acontecendo no sítio. A Baby era a musa. Era muito bom jogar bola de manhã e tocar durante toda a tarde, mesmo sem ter grana pra nada. Foi quando viajei pela primeira vez para Salvador, junto com os Novos Baianos. Minha primeira vez na Bahia! O show que estávamos fazendo no Teatro Tereza Rachel era o mesmo que íamos fazer lá, no Teatro Vila Velha, uma semana depois do encerramento da temporada do show *Gal a todo vapor*. O Novelli, aquele baixista espetacular que tocava no show da Gal – que eu já sabia de cor –, sabendo que eu estava indo pra Bahia e que eu tinha a maior vontade de tocar nesse show, falou pra mim:

— Dadi, você toparia me substituir no encerramento da turnê da Gal em Salvador? Eu sei que você já conhece o show de cor... Como Pepeu, você e Jorginho já são uma banda, vai no meu lugar e toca nesses últimos três shows lá na Bahia.

UM DIA, CHEGANDO À PRAIA, VI UMA GATINHA LINDA, COM UM SORRISO E UMA ALEGRIA ESPECIAIS. FOI ELA QUEM VEIO PUXAR PAPO COMIGO, JÁ QUE EU SEMPRE FUI TÍMIDO. COMEÇAMOS A CONVERSAR E FIQUEI LOGO APAIXONADO... O NOME DELA É LEILA. LEILINHA. ESTAMOS JUNTOS ATÉ HOJE. O AMOR À PRIMEIRA VISTA EXISTE!

Foi um grande presente do Novelli! Tocar com a Gal, naquele show que era parte do começo da minha história com a Leilinha, o show a que eu e ela íamos assistir todos os dias no Rio... Eu fui pra Bahia no carro do Paulinho Lima. Nunca imaginei que a Bahia era tão longe! Fui estudando o show durante a viagem. Eu ficava sem palavras diante da Gal, uma estrela linda... Imagina estar no palco com ela? Eu teria que me concentrar muito, o que nunca foi o meu forte.

Foram três shows maravilhosos em Salvador. E foi a primeira vez que recebi cachê. Estávamos ricos, Pepeu, Jorginho, eu e ainda o Baixinho, que também tocou nesse show. Com o dinheiro que ganhamos, alugamos um sobrado em Itapuã para esperar os outros componentes dos Novos Baianos.

Que delícia a Bahia! A minha primeira impressão: aquelas baianas serenas vendendo acarajés, o cheiro de mar, o ritmo suave da cidade... E ainda com dinheiro no bolso pra comprar muito sorvete na Sorveteria Primavera...

Arrumamos a casa, enchemos a geladeira de sorvete e nós quatro vivemos como reis na Bahia, durante três dias, até o resto da galera chegar. Quando a trupe Novos Baianos chegou, em três dias quase já não tínhamos dinheiro nem pra comer. O show no Teatro Castro Alves foi histórico – e a dureza que se seguiu nas semanas seguintes também.

A Leilinha, ainda com quinze anos, queria encontrar comigo e convenceu a mãe a deixar que ela viajasse para a casa de uma amiga em Salvador. Lucinha e Tereza, duas amigas (lindas!) que andavam sempre com ela foram também. Quando cheguei à casa onde elas estavam hospedadas, tinha um bolo de chocolate, ainda quente, na cozinha. Eu comi o bolo quase todo e levei a Leilinha comigo. A situação era de procurar dinheiro no chão. E, por incrível que pareça, às vezes eu encontrava; dava pra tomar um sorvete.

Um dia, tive que ligar pro meu pai e pedir uma grana, que ele mandou logo. Foi a salvação! Era bem no carnaval. Mas, mesmo sem grana, a curtição era grande. Caetano, Gilberto Gil, todos estavam lá. Eu e Leilinha adorávamos visitar Caetano e Dedé na casa deles, sempre cheia de gente e conversas geniais. A comida lá era igual à maneira como a gente se sentia na presença deles: maravilhosa.

QUE DELÍCIA A BAHIA! A MINHA PRIMEIRA IMPRESSÃO: AQUELAS BAIANAS SERENAS VENDENDO ACARAJÉS, O CHEIRO DE MAR, O RITMO SUAVE DA CIDADE...

Foi o meu primeiro carnaval na Bahia. Quando ouvi de longe o som de um trio elétrico chegando, um som de guitarra – um bandolim elétrico –, com um cara tocando muito, com uma pegada Hendrix, eu pensei: "Quem será esse guitarrista? Como toca!" Era o Armandinho, um virtuose. Ficamos muito amigos e iríamos nos juntar mais à frente, quando formei minha própria banda. Toda a família do Armando participava da banda, que era liderada pelo pai, o grande músico e compositor Osmar Macedo, o mesmo que criou o Trio Elétrico junto com o mestre Dodô. Betinho, Haroldo e André. Que família especial! Com uma simpatia e uma delicadeza que faz o mundo ser um lugar bom para viver.

A SITUAÇÃO ERA DE PROCURAR DINHEIRO NO CHÃO. E, POR INCRÍVEL QUE PAREÇA, ÀS VEZES EU ENCONTRAVA; DAVA PRA TOMAR UM SORVETE.

Voltamos para o sítio. Muito ensaio. Tocávamos o tempo todo. João Araújo quis gravar um LP com a gente na Som Livre. Já tínhamos todas as músicas bem ensaiadas. Chegamos com o trabalho pronto. Fomos pro estúdio Somil, na Álvaro Ramos, em Botafogo. Ainda era um estúdio de 4 canais. O LP era o *Acabou chorare*, produzido pelo Márcio Antonucci, que só teve o trabalho de registrar em estúdio o que já estava totalmente concebido, depois de tantos ensaios no sítio. Ele soube respeitar isso.

Eu me lembro do Moraes, de pé, apoiado com as mãos numa cadeira, colocando a voz na música "Preta pretinha", e todos nós dentro do estúdio, atrás dele, fazendo ao mesmo tempo o backing vocal – "Enquanto corria a barca...". Quando acabaram as gravações, a gente tinha certeza de ter realizado um grande trabalho. Sabíamos da qualidade do nosso som. Quando a Som Livre lançou o *Acabou chorare*, as emissoras de rádio não paravam de tocar "Besta é tu" e "Preta pretinha". Era muito bom ouvir as músicas no rádio. Parecia que a grana ia rolar...

Foi quando os Novos Baianos resolveram comprar três carros: duas caminhonetes Volkswagen Variant e um Dodge Dart vermelho. Os carros foram adquiridos mediante financiamento na agência de um amigo, na Voluntários da Pátria. Como era preciso haver um proprietário para cada carro, foi feito um sorteio. Uma Variant ficou no nome da Marília e a outra no nome do Charles Negrita, percussionista e bailarino que fazia um caruru maravilhoso – mesmo que eu nunca tivesse gostado de quiabo, a fome era tanta que eu aprendi a gostar. O Dodge Dart, o mais caro, ficou em meu nome. Eu achei incrível aquilo! Era como um presente. Um carro...

FOI O MEU PRIMEIRO CARNAVAL NA BAHIA. QUANDO OUVI DE LONGE O SOM DE UM TRIO ELÉTRICO CHEGANDO, UM SOM DE GUITARRA COM UM CARA TOCANDO COM UMA PEGADA HENDRIX, EU PENSEI: "QUEM SERÁ ESSE GUITARRISTA? COMO TOCA!" ERA O ARMANDINHO, UM VIRTUOSE.

Como meu pai dizia não entender por que motivo eu não ganhava dinheiro com os Novos Baianos, fui logo até a minha casa e contei a novidade. Ele ficou super preocupado e falou que eu tinha que tirar o meu nome daquela história. Foi uma loucura! Eu discuti com meus pais, com meus irmãos, com a família toda. Eu dizia que eles não entendiam que eu tinha recebido um carro de presente. Fiquei umas semanas sem aparecer em casa. Alguns anos depois, quando eu já não estava mais tocando com os Novos Baianos, a campainha de casa tocou. Era a Polícia Federal, com um mandado de prisão para o sr. Eduardo Magalhães de Carvalho, eu!, que tinha comprado um Dodge Dart, mas só havia pago a primeira prestação.

Os outros dois carros foram resgatados pela financeira, mas o Dodge, que tinha virado lata depois que alguém do grupo bateu, foi vendido para um ferro-velho. Então, só existia a dívida, não o bem passível de ser resgatado. Nós – meu irmão Sérgio, meu pai e eu – seguimos imediatamente para o escritório dos advogados da financeira. Sérgio, que nessa época trabalhava na Philips, tinha produzido o LP *Meus caros amigos*, do Chico Buarque, que vendeu muito. Com o dinheiro de comissão sobre as vendas que ganhou, pagou a dívida. Olhei, sem graça, pra ele e pro meu pai, que falou:

— Eu não disse?

Mas depois disse que me entendia. Nossa família foi criada assim, a gente faz qualquer coisa um pelo outro.

QUANDO A SOM LIVRE LANÇOU O *ACABOU CHORARE*, AS EMISSORAS DE RÁDIO NÃO PARAVAM DE TOCAR "BESTA É TU" E "PRETA PRETINHA". ERA MUITO BOM OUVIR AS MÚSICAS NO RÁDIO.

Os Novos Baianos eram mais do que uma banda, eram uma filosofia de vida, seguindo a tendência mundial da época de se viver em comunidade, dividindo tudo. Apesar do Galvão não achar que era uma comunidade de hippies, eu acho que era exatamente isso. Todo o dinheiro que recebíamos era pra todo mundo – mesmo não sendo muito. Eu colocava na caixinha coletiva tudo o que recebia das gravadoras pelas minhas participações como músico nos discos. Ouvi falar que lá no sítio tinha um cesto com o dinheiro e que, se alguém precisasse, era só pegar. Eu nunca vi esse cesto, talvez porque não precisasse.

Com o disco *Acabou chorare* fazendo sucesso, começou uma nova fase para a banda. Havia uma casa de shows, tipo night club, na Garcia d'Ávila, no quarteirão da praia, chamada Number One, ponto de encontro de vários músicos. E nós fomos chamados para uma longa temporada lá. Era muito legal, toda noite tocando, com um som bom e uma plateia sempre amarradona... O Jorge Ben Jor costumava ir até lá pra ver os shows.

Foi quando fomos chamados para fazer o show de encerramento do Festival Internacional da Canção da TV Globo. As eliminatórias eram aos sábados, durante um mês. No último sábado, acontecia a final. Os shows, com mais ou menos cinco músicas, eram apresentados enquanto os jurados se decidiam pelas canções finalistas e, no encerramento, pela classificação final. Desde o dia da primeira eliminatória, os Novos Baianos estavam sendo anunciados pela TV Globo como a grande banda que ia fazer o show de encerramento. Funcionários da emissora levaram para o sítio dois amplificadores Marshall, uma guitarra Gibson Les Paul, um baixo Fender Jazzbass e uma bateria Ludwig. Tudo novinho em folha para os nossos ensaios, e a gente achou que eles tinham dado os instrumentos de presente.

OS NOVOS BAIANOS ERAM MAIS DO QUE UMA BANDA, ERAM UMA FILOSOFIA DE VIDA, SEGUINDO A TENDÊNCIA MUNDIAL DA ÉPOCA DE SE VIVER EM COMUNIDADE, DIVIDINDO TUDO. EU COLOCAVA NA CAIXINHA COLETIVA TUDO O QUE RECEBIA DAS GRAVADORAS PELAS MINHAS PARTICIPAÇÕES COMO MÚSICO NOS DISCOS.

Uma semana antes do show, aconteceu um lance. O Galvão e o Felipe, que largou o emprego na Petrobras pra morar no sítio e acabou se tornando uma espécie de empresário dos Novos Baianos, voltavam pra Vargem Grande à noite, vindo da Zona Sul, e tinha uma blitz no caminho. E uma blitz no caminho, quando você tem uma certa quantidade de fumo no carro – no caso, o carro do Felipe –, não é uma coisa legal! No dia seguinte, foi publicada uma foto dos dois nas páginas policiais ilustrando a seguinte manchete: "Novos Baianos presos com maconha." Naquela noite, eu estava vindo da casa de amigos e cheguei mais tarde no sítio. Mal entrei, todos falaram:

— A polícia acabou de sair daqui, você deu a maior sorte.

Na manhã seguinte, quando meu pai abriu os jornais, levou o maior susto! Pediu para o meu tio Antônio e o meu irmão Sérgio irem até o sítio pra ver se estava tudo bem comigo. Acho que ele tinha receio do que poderia encontrar lá. Mas estava tudo certo. Quando chegou o dia do show do festival – no Maracanãzinho, que tinha uma acústica horrível –, não foi como esperávamos. Algumas músicas o Moraes tocava de violão acústico e, na hora do show, com todo aquele barulho da plateia, nós não ouvíamos nada. Quando o Gato Félix, que dançava durante uma das músicas, entrou, a gente ouviu aquele coro, tipo torcida de futebol:

— Viado! Viado! Viado!

Isso tudo ao vivo para todo Brasil. Saímos tristes e decepcionados... No dia seguinte, os funcionários da Globo apareceram no sítio para pegar os instrumentos de volta. Pepeu e eu conseguimos que eles deixassem a guitarra Gibson Les Paul e o baixo Fender Jazzbass.

NAS PÁGINAS POLICIAIS, A SEGUINTE MANCHETE: "NOVOS BAIANOS PRESOS COM MACONHA."

Começamos a fazer shows pelo país. Primeiro em Belo Horizonte, e foi uma maravilha! Shows com o som que a gente precisava, e lotados! Sucesso total! Foi a primeira vez que fui agarrado por várias fãs depois de um show, até puxaram meu cabelo. Foi o Gato Félix quem me ajudou. Não entendi nada! Era diversão total! Muita risada, principalmente com Pepeu. Ele sabia fazer a gente rir. Veio, então, a primeira turnê para o Sul do Brasil. Viajamos de ônibus leito, saímos do sítio para Porto Alegre. Nessa viagem, a equipe responsável pelo som era formada por Ray e Maurice, ingleses que acabavam de chegar ao Brasil e, junto com o baixista Bruce Henry, formavam o Banana Eufórica, que tinha o melhor equipamento de som para palco da época. O Ray e o Maurice não falavam sequer uma palavra em português e encararam os Novos Baianos, numa viagem de duas semanas. A gente ria muito com eles.

Os shows no Sul foram muito vazios, quase não tinha público. Além do mais, era julho... O frio absurdo era novidade para todos nós, exceto para os ingleses. Eram hotéis de apenas uma estrela, às vezes não tinha nem água quente, e os nossos casacos não eram apropriados praquele frio do Sul.

Em Curitiba aconteceu um lance legal. Só tinha umas quinze pessoas na plateia, e o Moraes chamou todo mundo para o palco. Fizemos uma roda com o público e tocamos com violões, bandolins e percussão, sem amplificação. Acho que foi o primeiro unplugged feito no Brasil. No dia seguinte, ainda em Curitiba, fomos tocar numa festa em uma boate. Lá estava lotado! Lavamos a alma! Foi um showzaço!

A turnê para o Norte do Brasil também foi ralação! Quando chegamos em Fortaleza, o contratante local queria nos hospedar no próprio ginásio onde iríamos tocar, num grande dormitório com camas beliches. Mas exigimos – e conseguimos! – ir para um hotel, ou não tocaríamos. Em São Luís, no Maranhão, ficamos hospedados numa casa. E quando perguntamos onde estavam as camas, o rapaz falou:

— Lá estão as redes dobradas. Uma pra cada um.

Dessa vez, tivemos que dormir nas redes, pois o resto compensava.

Voltamos para o sítio, para casa, a nossa vida de futebol de manhã e música no galinheiro-estúdio à tarde.

Eu me lembro de um show em Niterói, num fim de semana. Tinha uma Kombi para nos transportar do sítio para lá. Na manhã desse dia, resolvi passar na casa dos meus pais pra pegar algumas coisas. De lá, eu seguiria por minha conta para Niterói. Coloquei o meu baixo na parte de trás da Kombi e avisei a todos que o meu instrumento estava lá. Já que eu não iria com eles, pedi para que não esquecessem de tirar o meu baixo quando chegassem. Quando cheguei lá, perguntei a todos pelo meu instrumento. Ninguém tinha lembrado de pegar o meu baixo... O motorista da Kombi, depois de deixar o pessoal no clube, havia seguido para a casa da namorada dele, ali mesmo em Niterói. Sem saber, tinha levado com ele o meu instrumento, e nenhum de nós sabia onde era a casa da tal namorada. Já bem perto da hora de começar o show, com o ginásio lotado, só teve um jeito. Uma pessoa da produção foi ao microfone e falou para a plateia:

— Estamos precisando de um baixo elétrico. Se alguém puder nos ajudar...

Dali a pouco apareceu alguém com um baixo Snake, semiacústico. Só que uma das cravelhas, usadas para afinar o instrumento, estava quebrada. Tive que afinar o baixo com um alicate. A propósito, ainda não existia o afinador eletrônico. Nós levávamos quase uma hora antes dos shows afinando, com a ajuda de um diapasão, a craviola, o bandolim, o cavaquinho, os violões, a guitarra, o ukulele e o baixo.

Depois da tensão, foi um show emocionante.

COLOQUEI O MEU BAIXO NA PARTE DE TRÁS DA KOMBI E AVISEI A TODOS QUE O MEU INSTRUMENTO ESTAVA LÁ, MAS NINGUÉM LEMBROU DE PEGÁ-LO. SÓ TEVE UM JEITO. UMA PESSOA DA PRODUÇÃO FOI AO MICROFONE E FALOU PARA A PLATEIA: "ESTAMOS PRECISANDO DE UM BAIXO ELÉTRICO. SE ALGUÉM PUDER NOS AJUDAR..."

Estou me lembrando agora de duas histórias engraçadas. Uns baianos, que não eram músicos, vieram, por coincidência, morar na casa vizinha ao sítio. Eles gostavam de aparecer por lá e ouvir a música. E, numa noite, um deles, o Augusto, se interessou em tomar um ácido. Todo mundo falou:

— Melhor não... Isso é forte pra quem nunca experimentou...

Mas o Augusto insistiu que queria. Era meia-noite, e os ácidos demoravam quase duas horas pra dar onda. Ele falava o tempo todo:

— Não tô sentindo nada... Não acontece nada...

De repente, ele começou a sentir:

— Porra... PORRA... PORRA!!!!

Já estava gritando. Aí, alguém tampou com as mãos a boca dele, enquanto a gente dizia:

— Você tem que falar baixo, são três da manhã e aqui é a maior sujeira... Fica quieto!

Ele obedeceu:

— Ok... Tudo bem...

Dali a dois minutos, recomeçou o Augusto:

— Porra... PORRA... PORRA!!!!

Tivemos que ficar a noite inteira tampando a boca dele e escutando o som abafado da palavra "porra". Depois dessa bad trip, o apelido dele ficou sendo Augusto Porra.

AINDA NÃO EXISTIA O AFINADOR ELETRÔNICO. NÓS LEVÁVAMOS QUASE UMA HORA ANTES DOS SHOWS AFINANDO, COM A AJUDA DE UM DIAPASÃO, A CRAVIOLA, O BANDOLIM, O CAVAQUINHO, OS VIOLÕES, A GUITARRA, O UKULELE E O BAIXO.

Numa tarde de sábado, um amigo dos Novos Baianos, cheio de estilo, foi nos visitar no sítio acompanhado da mulher dele, meio perua, com um Bugre que ele tinha acabado de comprar de presente pra ela. Todos no sítio estavam começando a dirigir, e quando um amigo chegava de carro lá, a gente quase sempre pedia emprestado para dar uma voltinha. Nesse dia, alguém conseguiu o Bugre e, junto com o Jorginho e o Índio Boliviano – que morava lá, mas eu não sei como e de onde ele apareceu, só me lembro dele com uma bagana no canto da boca perguntando sempre: "Tiene fôfôrô?" –, foi dirigindo o Bugre até a Serra de Guaratiba. Na descida da Serra, voltando para o sítio, eles capotaram.

Ninguém teve um arranhão, mas o Bugre virou um montinho de ferro com uma fumacinha saindo por cima... Os três voltaram de carona para o sítio. Ao vê-los, a mulher falou:

— Estava falando mal de vocês.

E alguém respondeu:

— É melhor você falar mal mesmo porque o seu Bugre já era...

A mulher ficou louca! E ela berrava com o coitado do marido, que ainda teve que ouvir de um de nós:

— Jucélio, segura a onda da tua mulher...

As gravações de *Novos Baianos F.C.* foram tão tranquilas quanto as de *Acabou chorare*. Nós gravávamos de primeira, era muito natural, as bases quase sempre feitas por Moraes (violão), Jorginho (bateria), Pepeu (guitarra) e eu (baixo). O disco foi gravado nos estúdios da CBS, no Centro do Rio, sempre à noite. Sair de lá depois da gravação era sempre tenso por causa das blitze. O Galvão tinha uma simpatia que costumava funcionar quando aparecia um camburão: a gente colocava a língua pra fora e olhava pra ela, e parecia que a gente ficava invisível pra polícia. Sempre dava certo. Só não deu uma vez, e foi quando ele dançou.

O *Novos Baianos F.C.* teve esse nome porque o futebol começou a ficar tão sério para os Novos Baianos quanto a música. Tinha um clube chamado Guanabara, que ficava também em Vargem Grande, perto do sítio, com um gramado profissional. Era lá que rolavam os jogos. Não sei por que eles sempre me deixavam na reserva... Eu quase nunca entrava em campo! O jeito foi fazer o meu próprio time, com meus amigos cariocas: o Passa a Bola Meu Bem, com o Evandro Mesquita, o Vinicius Cantuária, o Marcelo Costa Santos – cantor de "Tempo de estio" e "Abre coração" – e o Maurício Camelo, que era o nosso Gerson – ele quase jogou no Botafogo, só não assinou o contrato porque o Zagallo queria obrigá-lo a cortar o cabelo. A gente sempre ganhava, e eu metia meus gols!

AS GRAVAÇÕES DE *NOVOS BAIANOS F.C.* FORAM TÃO TRANQUILAS QUANTO AS DE *ACABOU CHORARE.* O DISCO TEVE ESSE NOME PORQUE O FUTEBOL COMEÇOU A FICAR TÃO SÉRIO PARA OS NOVOS BAIANOS QUANTO A MÚSICA.

Nessa época, eu fiquei amigo do Afonsinho, um dos maiores jogadores que o Brasil já teve e uma pessoa super carinhosa e situada. Outro craque que jogava no meu Botafogo, Ney Conceição, também se tornou nosso grande amigo. Uma vez, o time do Botafogo foi jogar contra o dos Novos Baianos. Nilson Dias, Brito, Marinho, Ney Conceição, Ubirajara, Edmílson e os demais contra a gente. Eu, botafoguense, vendo meus ídolos ali de perto... Mas, para variar, eu estava na reserva do time dos Novos Baianos.

O placar já estava tipo quinze a zero para o Botafogo, quando acharam melhor trocar os goleiros. Não adiantou nada. Aí é que a gente entende a diferença que há entre os amadores e os profissionais. Mesmo que o time dos Novos Baianos fosse bom e tivesse um meio de campo chamado Geraldo Mãozinha, grande craque, não era o suficiente.

O Edmílson, lateral do Botafogo, sabia que eu era botafoguense. Faltando quinze minutos para o fim da partida, ele, vendo que eu estava na reserva, me chamou para substituí-lo. Eu joguei quinze minutos no Glorioso! Mesmo não tendo quase tocado na bola..

Para gravar o disco *Novos Baianos* – mais conhecido como *Linguagem do alunte* –, fomos para São Paulo. O disco era para a gravadora Continental, cujo presidente era o Alberto Byington Jr. Durante um mês, ficamos hospedados numa fazenda da família dele, que ficava longe da cidade, quarenta minutos em uma estrada de terra no quilômetro 18 da Via Anhanguera. O lugar era demais! Enorme, com alqueires a se perderem de vista; nos anos cinquenta e sessenta, fornecia leite para São Paulo. Tinha currais e aqueles tonéis de alumínio, muito grandes, pra armazenar o leite. Não estava mais em funcionamento, já não tinha ninguém trabalhando. Era como uma fazenda abandonada, só os caseiros ainda estavam lá. Tinha uma casa enorme, que era a sede, e uma outra maior ainda, que era onde ficavam os escritórios. Cada um escolheu um quarto nesses escritórios e se acomodou. Sempre que a trupe Novos Baianos viajava parecia um circo: levava televisão, mesa de pingue-pongue...

Ficávamos isolados do mundo. A nossa rotina era a mesma: futebol pela manhã e música à tarde. Nossos ensaios aconteciam novamente numa espécie de celeiro ou galinheiro, usando apenas dois amplificadores e um pequeno sistema de amplificação de voz. Um dia, um senhor que morava por lá parou na porta do celeiro, apoiou o queixo no cabo da enxada que carregava e ficou ouvindo a gente tocar. Quando paramos, ele perguntou com seu sotaque caipira:

— Tão gravando disco?

O estúdio ficava no Centro da cidade de São Paulo, e a gente levava mais de uma hora pra chegar lá. As gravações começavam às dez da noite e acabavam muitas vezes às quatro da manhã. Uma Kombi vinha nos buscar. No caminho, olhávamos várias vezes pra nossa própria língua – a simpatia do Galvão funcionava mesmo!

UMA VEZ, O TIME DO BOTAFOGO FOI JOGAR CONTRA O DOS NOVOS BAIANOS. FALTANDO QUINZE MINUTOS PARA O FIM DA PARTIDA, O EDMÍLSON, VENDO QUE EU ESTAVA NA RESERVA, ME CHAMOU PARA SUBSTITUÍ-LO. EU JOGUEI QUINZE MINUTOS NO GLORIOSO! MESMO NÃO TENDO QUASE TOCADO NA BOLA...

A música "Linguagem do alunte" é um power rock, que era muito bom de tocar nos shows, assim como "Mistério do planeta" – Jorginho e eu segurando a base, cheios de improvisos para os solos de guitarra do Pepeu. Nos shows, fazíamos também uma formação muito interessante para alguns números instrumentais: Moraes se revezando no ukulele e no violão, Jorginho no cavaquinho, Pepeu no violão de aço, bandolim e craviola, e eu no violão de sete cordas e no violão de nylon.

Um dos números com essa formação era uma música instrumental do Moraes chamada "Dagmar". Minha mãe sempre adorou essa música! Durante a temporada de São Paulo, A Cor do Som foi convidada por um empresário amigo, Cláudio Prado, que havia chegado de Londres e tinha estado no festival da Ilha de Wight – ou seja, tinha visto o último show de Jimi Hendrix –, para tocar num festival de rock que estava rolando em Sampa. Pepeu, Jorginho, eu e o Baixinho tínhamos uns quinze temas instrumentais, que tocávamos cheios de gás. Era o som da nossa banda. Um desses temas era "Um bilhete pra Didi", registrado no LP *Acabou chorare*. Nós quatro fomos tocar nesse festival, onde conheci o Ritchie, com sua flauta, que também acabava de chegar ao Brasil e nem falava português ainda.

O show foi power, chamamos atenção! Começaram a rolar convites pra nossa banda se apresentar. O Galvão não gostou da ideia, e disse que a partir daquele momento não existia mais A Cor do Som separadamente, todos formavam o grupo Novos Baianos. Nesse momento, o nome A Cor do Som foi descartado – só apareceu até o disco *Novos Baianos F.C.* Foi uma pena, pois aquele trabalho instrumental meio que se dispersou.

Às vezes rolava a maior solidão naquela fazenda distante de tudo. A Leilinha, então com dezessete anos, dizia para a mãe que ia passar o fim de semana na casa de uma amiga em Petrópolis, e pegava o ônibus à meia-noite pra São Paulo. Chegava às cinco da manhã na rodoviária e tomava um táxi pra me encontrar na fazenda. Um dia, o motorista falou pra ela que era muito perigoso uma menina da idade dela sozinha naquela estrada escura e deserta... Ela fazia isso por amor, estava protegida por forças superiores. Mas, por via das dúvidas, depois daquele toque do motorista, ela chamou a amiga Lucinha para ir com ela. Eram duas meninas de dezessete anos sozinhas...

Da fazenda, fomos fazer um show em Santos. O teatro lotado. Quando estávamos tocando o tema "Um bilhete pra Didi", o Pepeu, cheio de performance, tipo se ajoelhar no chão com as pernas abertas, não notou que a calça estava rasgada. Ele estava sem cueca, com o saco pra fora. Foi quando vi umas meninas na frente rindo. O Pepeu continuava no maior gás sem perceber nada. Eu e o Jorginho começamos a rir muito, e fui falar com ele o que estava rolando. Ele foi pro camarim e vestiu um casaco. Não adiantou nada, mas era grande a vontade de estar no palco tocando...

Teve outro show na cidade de Embu, em São Paulo. Era um concerto ao ar livre. A foto da capa do disco *Linguagem do alunte* foi tirada pelo Mario Luiz Thompson nesse concerto. Na última música do bis, que era tocada com o regional dos Novos Baianos, o Paulinho foi descendo do palco para a plateia cantando o refrão "Descendo no samba a ladeira da praça..." – da música "Ladeira da praça" – e nós seguimos atrás dele, tocando, com o público cantando junto atrás da gente. Saímos do local do show e seguimos tocando pela cidade até a praça. Foi incrível!

Voltamos para o sítio em Vargem Grande: mesa de pingue-pongue, televisão, futebol, papos filosóficos, música e tudo mais. Tocamos no Teatro João Caetano e na sala Cecília Meireles, onde fizemos um dos shows mais lindos de que eu me lembro. Aquela acústica foi perfeita pro concerto dos Novos Baianos. Pepeu me convenceu a cortar o Jazzbass para ficar arredondado na parte de cima, no mesmo formato da guitarra Giannini que ele tinha. Eu topei. E me lembro da gente atravessando a rua até a marcenaria, e também do barulho que a serra elétrica fez ao cortar meu baixo novinho... Nesse momento, eu me arrependi, mas já era tarde. O baixo perdeu todo o equilíbrio e o lindo design criado pelo Leo Fender.

Passou mais um tempo e começamos a gravar o LP *Vamos pro mundo*. O disco foi gravado no estúdio Havaí, no Centro do Rio, perto da rodoviária. As coisas começaram a mudar durante a gravação. Moraes e Marília, nessa época já com dois filhos, Ciça e Davi, às vezes dormiam na casa da mãe dela, dona Cândida, no Leblon, para cuidar das crianças – o sítio era dureza para os pequenos e costumava rolar uma certa falta de grana. Eu viajava com amigos para Búzios, Angra e Petrópolis, e às vezes era repreendido por me ausentar. Eles falavam:

— Você tem que ser mais novo-baiano...

Eu começava a achar que aquela vida em comunidade, que era muito interessante no começo, estava se tornando muito parecida com alguma coisa semelhante a obrigação. Era a época da ditadura. Todo mundo no sítio tinha que seguir os mesmos mandamentos. Todos pararem de fumar cigarro careta – eu não fumava, mas a partir dessa decisão geral fiquei com a maior vontade de fumar, e fumava escondido. Todos pararem de comer carne. As novas determinações aumentavam. Começava a ficar chato. O Moraes se sentia reprimido por ficar às vezes com a Marília no Leblon. Ele teve vontade de morar com a Marília e os bebês, e começava a querer escrever suas letras também. Essas ideias não foram bem aceitas pelos Novos Baianos. Aconteceu o que eu não esperava: Moraes saiu da banda.

EU VIAJAVA COM AMIGOS PARA BÚZIOS, ANGRA E PETRÓPOLIS, E ÀS VEZES ERA REPREENDIDO POR ME AUSENTAR. ELES FALAVAM: "VOCÊ TEM QUE SER MAIS NOVO-BAIANO..." EU COMEÇAVA A ACHAR QUE AQUELA VIDA EM COMUNIDADE, ESTAVA SE TORNANDO MUITO PARECIDO COM ALGUMA COISA SEMELHANTE A OBRIGAÇÃO.

Quando o Moraes saiu, o disco *Vamos pro mundo* já estava todo gravado. O Pepeu refez todos os violões do Moraes, e o Paulinho Boca regravou as vozes das músicas que ele cantava.

Mais um verão e voltamos pra Bahia, sem o Moraes. Ficamos numa casa alugada na Pituba, fizemos show e de novo foi aquela dureza. Alguns casais amigos meus estavam lá, e a Leilinha também. Depois de quase um mês na Bahia, Leilinha e meus amigos Mauricio, Marcelo e Nina iam voltar de carro pro Rio. Eu não ia aguentar ficar lá sozinho. Perguntei pro Galvão se eu podia pegar uma carona com meus amigos pro Rio, pois a gente não tinha nada para fazer. Ele deixou.

Eu já pensava em sair da banda, mas não tinha coragem de falar. Peguei o meu Fender Jazzbass, levei para a casa do Armandinho, que morava na Ribeira, e pedi para ele guardá-lo e não entregar pra ninguém, só pra mim. Eu ainda achava que ia voltar pra Salvador para encontrar os Novos Baianos. Mas essa viagem de volta foi maravilhosa.

Uma sensação de liberdade. Viemos parando pelas praias. Durante a viagem, eu comentava com o Mauricio sobre a minha vontade de sair da banda. Ele me deu a força que eu precisava, sempre fui meio indeciso.

MORAES TEVE VONTADE DE MORAR COM A MARÍLIA E OS BEBÊS, E COMEÇAVA A QUERER ESCREVER SUAS LETRAS TAMBÉM. ESSAS IDEIAS NÃO FORAM BEM ACEITAS PELOS NOVOS BAIANOS. ACONTECEU O QUE EU NÃO ESPERAVA: MORAES SAIU DA BANDA.

Chegando ao Rio, eu liguei para o Armandinho, falei da minha decisão e pedi pra ele chamar o Pepeu, que era o companheiro a quem eu estava mais ligado, para conversarmos sobre isso. Pepeu não me atendeu, ele já sabia do que se tratava. Então eu saí da banda sem precisar falar... Achei bom.

Depois, Pepeu foi até a casa do Armandinho procurar o meu baixo, que estava escondido debaixo da cama. O Betinho, baixista do Trio Dodô e Osmar, irmão do Armando, falou pra ele que meu baixo não estava lá, como eu havia pedido. O meu Jazzbass foi a única coisa que ganhei, além, lógico, das maravilhosas experiências musicais e de vida, dos meus cinco anos, quatro discos e não sei quantos shows como novo-baiano. Eu tinha que ficar com ele.

No começo de 1997, o João Araújo quis reunir os Novos Baianos. Sempre é saboroso reencontrar amigos, rir de lembranças engraçadas e, ainda mais no nosso caso, tocar canções que há tempos não tocávamos. Gravar o CD *Infinito circular* foi isso. Ensaiamos no estúdio do Moraes, no Leme, e fomos para São Paulo gravar ao vivo num show no Palace. A sensação para mim é que deveríamos ter tido tempo para explorar com mais fidelidade daqueles arranjos acústicos dos velhos tempos... De qualquer maneira, foi divertido fazer aqueles shows.

O MEU JAZZBASS FOI A ÚNICA COISA QUE GANHEI, ALÉM, LÓGICO, DAS MARAVILHOSAS EXPERIÊNCIAS MUSICAIS E DE VIDA, DOS MEUS CINCO ANOS, QUATRO DISCOS E NÃO SEI QUANTOS SHOWS COMO UM NOVO-BAIANO. EU TINHA QUE FICAR COM ELE.

Jorge Ben Jor

Era o começo de 1975. Decisão tomada, eu pensei: "E agora, o que vou fazer?" Voltei a morar com meus pais. E aí o meu sonho de infância, quando eu tocava vassoura no galpão do quintal, começou a se realizar.

Minha irmã estava trabalhando na gravadora Odeon, e meu irmão Sérgio, na Philips. Na época, a Losinha namorava o Paulinho Tapajós, com quem depois se casou, que tinha produzido o LP *A tábua de esmeralda*, do Jorge Ben Jor. Nossa casa estava sempre cheia de amigos músicos que ficavam lá até altas horas da madrugada.

Jorge ia com sua esposa e musa Domingas, a Mingas, e adorava ficar tocando pra gente. Como ouvir João Gilberto sem microfone, ouvir o Jorge da mesma forma é uma coisa pra não esquecer. Lá em casa tínhamos o privilégio de ouvi-lo assim.

Outros que estavam sempre lá eram nossos vizinhos Roberto Menescal e Nara Leão. Nara era uma pessoa muito linda, transmitia uma calma deliciosa e tinha um sorriso enigmático, que me fazia lembrar a *Mona Lisa*. Meus pais adoravam aquelas noitadas. Às vezes nós, os filhos, íamos dormir e eles continuavam na sala até que todos fossem embora. O Menescal, nessa época, era diretor artístico da Philips, e hoje ele costuma dizer que naquele período era músico só lá em casa. Grande conhecedor de harmonia, me deu vários toques. Inclusive começou, sem compromisso, a me ensinar a ler cifras.

Nesse período, eu também tive algumas aulas de piano com a Estela Caldi, que era casada com um primo da minha mãe, Homero de Magalhães, grande pianista, intérprete de Villa-Lobos e professor e criador da escola Pró-Arte Antiqua. Homero deu várias dicas de piano para o Mú. Os filhos dele, meus primos Homerinho, Alain (fundador do A Barca do Sol), Alexandre e Marcelo, se tornaram grandes músicos. Numa dessas noites, meu mestre Jorge Ben Jor falou para o meu pai:

— Vou salvar o Dadi.

E me salvou mesmo. Depois fiquei sabendo que ele tinha dito isso porque a gente tinha se encontrado numa festa poucos dias antes, onde todo mundo estava fumando. Como achei que era o normal, parei pra conversar com ele com um baseado na mão. O Jorge é totalmente contra qualquer tipo de droga. Ele não fuma e não bebe. É um sábio.

COMO OUVIR JOÃO GILBERTO SEM MICROFONE, OUVIR O JORGE DA MESMA FORMA É UMA COISA PARA NÃO ESQUECER. LÁ EM CASA, TÍNHAMOS O PRIVILÉGIO DE OUVI-LO ASSIM. OUTROS QUE ESTAVAM SEMPRE LÁ ERAM NOSSOS VIZINHOS ROBERTO MENESCAL E NARA LEÃO.

A vida é mágica! Foi o Jorge quem me fez virar músico quando eu tinha apenas onze anos e agora eu ia tocar com ele... O primeiro show que fizemos juntos foi em Florianópolis. Eu peguei o avião no Rio e ele embarcou na escala em São Paulo. Sentou ao meu lado, e eu perguntei:

— Jorge, quais músicas vamos tocar? A gente nem ensaiou...

Ele disse pra eu ficar tranquilo, que ia dar tudo certo. Chegando em Floripa, seguimos para o hotel, e só então eu conheci o resto da banda. Era a primeira vez que todos iam tocar com o Jorge. Todos músicos contratados, mais velhos e mais experientes do que eu. Quando entrei no quarto do hotel, que eu dividia com o baterista, e o vi pendurando suas roupas de tergal e guardando suas botinhas me deu a maior deprê... Eu pensei: "O que foi que eu fiz?! Eu estava na maior banda, tocando e rindo pra caramba, e agora estou aqui com esse baterista que não tem nada a ver comigo..."

No dia seguinte, enquanto íamos pro local do show, eu perguntava pro Jorge sobre as músicas que iríamos tocar e ele falava pra eu ficar relax.

NUMA DESSAS NOITES, MEU MESTRE JORGE BEN JOR FALOU PARA O MEU PAI: "VOU SALVAR O DADI." E ME SALVOU MESMO.

O lugar já estava lotado, e só tivemos tempo de subir no palco e plugar os instrumentos. De repente, o Jorge contou "um, dois, três, quatro" e começou a introdução do pot-pourri "Mas que nada" / "Chove chuva" / "Por causa de você, menina". Eu toquei o show todo olhando os acordes que ele fazia, e ia seguindo seus movimentos. O show foi maravilhoso! Fiquei totalmente envolvido pelo suingue e pela voz dele. Nunca mais vi os músicos com quem toquei naquela noite.

Voltamos pro Rio, e o Jorge me falou que queria formar uma banda para acompanhá-lo. Disse que tinha convidado um grande percussionista de Juiz de Fora chamado Joãozinho Pereira, que tocava congas e timbales pra caramba, e um pianista, também mineiro, João Vandaluz. E pediu que eu arranjasse um baterista. Um dia, andando na rua, encontrei o Gustavo Schroeter, que era o batera da banda A Bolha, e perguntei se ele queria tocar com o Jorge.

O estilo do Gustavo era rock progressivo. Só depois foi que saquei isso. Mas o Jorge gostou da pegada pesada dele. Foi formada, então, a Admiral Jorge V – Joãozinho na percussão, Gustavo na bateria, João Vandaluz no piano acústico e eu no baixo – para acompanhar nosso bandleader Jorge Ben Jor.

A VIDA É MÁGICA! FOI O JORGE QUEM ME FEZ VIRAR MÚSICO QUANDO EU TINHA APENAS ONZE ANOS E AGORA EU IA TOCAR COM ELE. EU TOQUEI O SHOW TODO OLHANDO OS ACORDES QUE ELE FAZIA, E IA SEGUINDO SEUS MOVIMENTOS. O SHOW FOI MARAVILHOSO! FIQUEI TOTALMENTE ENVOLVIDO PELO SUINGUE E PELA VOZ DELE.

Com a banda formada, ensaiamos na casa dos meus pais. Gravamos com o Jorge o disco *Solta o pavão*, produzido pelo Paulinho Tapajós. Foram momentos especiais dentro do estúdio, vendo e ouvindo de perto aquela criatividade e musicalidade que me deixavam quase em transe... Eu adoro todas as canções desse disco. O Jorge gravava o violão e a voz simultaneamente, junto com a marcação que ele fazia com o pé, como se fosse um bumbo de bateria, o que também era gravado. Ainda hoje, quando escuto "Jorge de Capadócia", tenho vontade de mandar gravar em uma camiseta os dizeres: "Eu sou o baixista da gravação original da música 'Jorge de Capadócia'."

Solta o pavão me levou longe. Pela primeira vez eu ia viajar pra fora do Brasil, começando por uma temporada de quinze shows do Jorge no Olympia, em Paris. Em seguida, a gente ia pra Londres gravar um disco pela Island Records, o selo de Cris Blackwell, que tinha em seu catálogo o mestre Bob Marley e uma banda que eu curtia muito, Traffic, do grande Steve Winwood e do baterista Jim Capaldi – que eu já conhecia do Rio de Janeiro, pois era casado com uma amiga minha, a Ana.

Antes de viajar para a Europa, fizemos vários shows pelo Brasil, principalmente no interior de São Paulo. O Jorge era empresariado pelo Marcos Lázaro. Eu começava a ganhar dinheiro com meu trabalho, pois o Jorge sempre gostou muito de fazer shows, e a gente viajava muito. Íamos de avião para São Paulo, ficávamos hospedados num hotel e à noite dois carros Galaxie vinham nos apanhar. Passávamos na casa do Jorge – embora morasse no Rio, ele também tinha uma casa em São Paulo – e seguíamos pra cidade onde faríamos o show. A gente sempre chegava de volta ao hotel com o dia amanhecendo.

Ainda hoje, quando eu escuto "Jorge de Capadócia", tenho vontade de mandar gravar em uma camiseta os dizeres: "Eu sou o baixista da gravação original da música 'Jorge de Capadócia'."

Em junho chegou a hora de viajarmos para Paris. Que sensação maravilhosa, a primeira viagem internacional... Eu mal falava inglês. Meu pai alugou dois carros pra levar a galera ao aeroporto. No meio do caminho, tivemos que voltar, porque o Gustavo tinha esquecido o passaporte. Embarcamos num voo da Varig. Quando o avião estava em descida para o pouso, olhei pela janela, vendo os carros e caminhões na estrada. Pensei: "Paris..."

Foi uma temporada maravilhosa! O Jorge Ben Jor era pop star na França! Eu ouvia meu baixo nas estações de rádio francesas na canção "Luciana", um hit por lá. Quem nos levou pra França foi a KCP, do Koski, empresário francês que cuidava dos shows do Jorge na Europa e que fazia todos os concertos europeus das grandes bandas de rock. Eu me lembro que Paris estava cheia de cartazes de mais de dois metros com imagens do Jorge mordendo uma maçã.

EU COMEÇAVA A GANHAR DINHEIRO COM MEU TRABALHO, POIS O JORGE SEMPRE GOSTOU MUITO DE FAZER SHOWS, E A GENTE VIAJAVA MUITO.

Nessa minha primeira viagem internacional, cheio de grana no bolso, e ainda ganhando mais, eu comprava tudo o que via. A temporada de quinze shows no Olympia foi incrível! Todos os dias lotados, e os franceses se deliciando com o suingue do Jorge. O show acabava com ele chamando as pessoas para o palco. Na plateia, Catherine Deneuve e Jane Birkin... Esse show foi gravado e lançado em disco: *Jorge Ben ao vivo no Olympia.*

Chris Blackwell, que assistiu ao show em Paris, me disse que estava super empolgado com a gravação do disco em Londres. A equipe era formada pelos quatro músicos mais o Armando Pittigliani, que ia como road manager, o Jorge e a Domingas. Quando embarcamos de Paris para Londres, o avião ia fechar a porta, e o Jorge e a Mingas ainda não tinham entrado. O Armando saiu, antes da porta fechar, para chamá-los, mas não teve jeito. O avião decolou, e só nós, os quatro músicos, fomos nesse voo.

Chegando a Londres, um rapaz com um cartaz escrito "Island Records" esperava por nós. E havia um Bentley enorme e uma Mercedes 600, tipo limusine, para nos levar ao hotel. Só que, como apenas nós – os músicos – estávamos lá, era um carro daqueles para cada dois de nós... Seguimos direto para o Portobello Hotel, em Portobello, pois o Basing Street Studios ficava perto, dava pra ir a pé.

Eu olhava para a cidade e pensava em toda a música que rolava por lá. Nesta noite, o Robin Cable, um inglês que era casado com uma portuguesa muito gracinha chamada Tina – ela iria ajudar nas traduções durante as gravações – e que era o produtor do disco, apareceu para avisar que íamos jantar com o Chris Blackwell num restaurante ao lado do hotel. Às nove da noite, nós quatro chegamos ao restaurante e encontramos o Chris e sua mulher junto com o Robin e a Tina. Avisamos que o Jorge, o Armando e a Mingas iam chegar um pouco mais tarde, pois eles tinham vindo em outro voo. O Chris, que estava à cabeceira da mesa, me chamou para sentar ao lado dele. No maior astral, ele me falava da expectativa da gravação. Ele me disse que estava pensando em fazer uma festa no estúdio e que iria armar um pequeno palco para tocarmos e para apresentar o Jorge aos músicos ingleses. Eu falei que me amarrava muito no Traffic e ele disse que todos os integrantes do grupo estariam lá.

O Jorge chegou muito cansado ao jantar. Ele achou que o hotel era muito pequeno, brincou dizendo que nem cabia no banheiro. Nas minhas viagens com Jorge pra fora do Brasil, sempre ficamos em hotéis cinco estrelas, maravilhosos. O Jorge sempre recebia o merecido tratamento de um grande artista internacional na Europa. Os camarins, com aquela fartura de catering, me impressionavam muito, pois eu, vindo das turnês dos Novos Baianos, não estava acostumado com aquilo.

No dia seguinte, chegamos às dez da noite – ainda dia naquele verão londrino – para o primeiro dia de trabalho, e logo fizemos uma roda no estúdio com o Robin, a Tina, o Cris Blackwell, nós (os músicos), Jorge, Armando, Mingas, os engenheiros de som e o assistente, para falarmos sobre a gravação. Quando eu e o Gustavo olhamos, tinha uma pedra de haxixe em cima da mesa.

Era Londres, anos setenta, eu no mesmo estúdio em que o Bob Marley tinha gravado... O Chris apertou um, com fumo de cigarro e haxixe como fazem os europeus, e o baseado começou a circular pela roda em volta da mesa de 24 canais. Quando chegou em mim, eu disse:

— Thanks, I don't smoke.

Na vez do Gustavo, ele falou a mesma coisa. Todos fumaram, menos nós, os brasileiros. Quando acabou a reunião, eu e o Gustavo chamamos a Tina para conversar...

O JORGE RECEBIA O MERECIDO TRATAMENTO DE UM GRANDE ARTISTA INTERNACIONAL NA EUROPA. OS CAMARINS, COM AQUELA FARTURA DE CATERING, ME IMPRESSIONAVAM MUITO, POIS EU, VINDO DAS TURNÊS DOS NOVOS BAIANOS, NÃO ESTAVA ACOSTUMADO COM AQUILO.

A gravação seguia no maior astral. Era como se fosse ao vivo, todos tocando junto com o Jorge (violão e voz) a mesma música. A fita de 24 canais ficava rolando direto até que o Robin Cable recortava a versão que ele considerava a melhor e colava em outra fita que só continha as selecionadas. Então, o que acontecia é que o tape ficava rodando, não precisávamos esperar pra começar a tocar, ficávamos repetindo a mesma música sem parar, como se estivéssemos ensaiando, sem nos preocupar com a gravação. Uma coisa que acontece durante as gravações em estúdio é que quando ouvimos da técnica aquela frase "Atenção, gravando!" parece que dá uma travada na naturalidade. Rola uma tensão pra não errar, e acho que isso tira a mágica que tem que existir na música. Gravar daquele jeito era muito bom.

Comprei um baú na feira de Portobello e continuava achando que ainda faltava coisa. Eu queria trazer presente pra todo mundo. Meu primo Cláudio, que nessa época morava em Londres, foi me visitar no quarto do hotel e, quando viu tantos embrulhos, perguntou:

— Você vai abrir uma loja no Rio?!

Um dia, quando eu ia entrar num shopping, a Tina tomou a carteira da minha mão e disse:

— Só vou te devolver no dia em que você for embora!

Chegou o dia da festa/show. Jorge ainda não tinha sido avisado que ia ter que tocar. Ele vinha de uma temporada de quinze shows no Olympia e queria se concentrar apenas na gravação. Mas a festa/show aconteceu. Eu passei no estúdio à tarde e encontrei o Chris cortando frutas e preparando um ponche para a noite. O palco armado, todo o pessoal da cena da música londrina lá: Traffic, Bad Company... Os Stones não, porque estavam em uma turnê nos Estados Unidos. O Jorge não estava nada empolgado com esse show. E a sua musicalidade é intuitiva: se ele não estiver feliz, não rola.

Acho que o Jorge não estava a fim de tocar naquela festa. O show acabou e ele foi logo para o hotel. Só eu e Gustavo ficamos. Começou uma jam session: Steve Winwood no Rhodes, o pessoal do Bad Company e o meu amigo baterista Jim Capaldi. Sempre admirei o Steve Winwood. Eu ouvia muito o Traffic.

Com a minha amizade com o Jim, fiquei conhecendo o Steve em Londres. Ele é daqueles músicos que, além de ter uma voz especial, toca Hammond e piano pra caramba, guitarra e violões também, e é um grande compositor. Ele se amarrava na música do Jorge. Sempre me inspirei na musicalidade dele, e foi uma grande honra conhecê-lo.

O Steve é uma pessoa de uma simplicidade muito tranquila, como todas as grandes pessoas que conheci. Tanto que eu pedi a camisa que ele estava vestindo, com a inscrição "Traffic USA tour 1972", e ele me deu. Como a minha não coube nele, ficou só de casaco, numa boa. Mais de vinte anos depois, ele esteve no Brasil pra tocar e se lembrou de mim. Me abraçou e disse pra o pessoal de seu staff:

— Esse aqui é o baixista do Jorge Ben Jor!

Eric Clapton diz que quando ouviu o Steve, aos quinze anos, cantando as músicas "I'm a Man" e "Gim me Some Lovin'", no Spencer Davis Group, pensou: "Eu quero ter uma banda com esse cara." Mais tarde, eles formaram um grupo que só gravou um disco, o *Blind Faith*, um dos CDs que eu escuto até hoje quando quero entrar na música para voar – porque música tem que fazer você voar... Jimi Hendrix dizia que queria chamar Steve pra tocar e gravar com ele, mas ficava sem graça de ligar porque não queria incomodar. Os grandes mestres são simples assim...

A festa rolou até as cinco da manhã. Quando voltamos para o hotel, encontramos o Jorge no restaurante com o Armando, o Joãozinho e o João B., com uma garrafa de champanhe vazia na mesa. Nesse momento, meu pai, com saudade, ligou pra mim do Brasil. Ele quis falar com todo mundo, e ficamos ao telefone durante quase uma hora, rindo muito. Fomos dormir lá pelas oito da manhã.

Numa noite, fomos convidados pelo Chris Mercer, o maestro que fez os arranjos de metais desse disco, para ir à boate Speak Easy, um lugar clássico onde vários ídolos meus tinham tocado. Demos uma canja. Foi muito bom! Acabamos a gravação e voltamos para o Rio. Em novembro, fomos a Londres novamente fazer os overdubs. Dessa vez, ficamos em um cinco estrelas, o Skyline Park Hotel. Os quartos eram enormes. Eu gostava dessa mordomia.

Com o Jorge, viajei várias vezes pelo mundo. Turnês pelo México, por toda a Europa, temporadas no Teatro Sistina, em Roma, atrizes na plateia, visitas de altas gatas italianas. Era muito bom. Fui com o Jorge pela primeira vez a Nova York, cidade que sempre sonhei em conhecer. Tocamos num lugar chamado Zenon.

Depois do show, fomos convidados pela atriz Margaux Hemingway para irmos até a casa dela. Ela tinha um piano, e o Jorge ficou tocando. A Margaux trouxe umas panelas da cozinha, e começamos uma batucada que rolou até que vizinhos chamassem a polícia, que, super educada, pediu para a gente parar com o barulho, pois já eram mais de três da manhã..

Em outro show, quem nos deu a honra de aparecer no camarim foi Dizzy Gillespie. Aquele mestre do jazz, bem ali na nossa frente... Ele chegou com seu pessoal, todo mundo de terno, e com aquele chapéu, uma elegância muito parecida com a das velhas guardas das escolas de samba cariocas. O jazz, o blues, o samba... a África: ÁfricaBrasilEUA. Eu me lembro que o mestre Dizzy me falava de como o George Benson tinha ficado rico depois que começou a cantar. Contou que tinha comprado uma casa em New Jersey e me perguntou:

— Do you wanna know the price?

— How much?, perguntei.

Ele pegou um papel e um lápis e escreveu: "5.000.000,00". A música instrumental não dá tanta grana como a pop nos EUA... Imagina no Brasil.

Era comum a gente chegar de uma turnê pela Europa e, no dia seguinte, ir tocar num baile em Caxias, no Rio de Janeiro... O Jorge também fazia muitos shows nesses bailes da Zona Norte do Rio. Já era o início do funk carioca. Eu me lembro que num desses shows – a gente tinha chegado de Paris –, o presidente do clube em que estávamos tocando ficou durante quase todo tempo abraçado com o Jorge no palco enquanto ele cantava e tocava, e um dos seus assessores ficava conversando comigo, perguntando como tinha sido em Paris, levando um papo enquanto o show rolava.

As gravações que fiz com meu mestre Jorge Ben Jor me dão muito orgulho. A de "Xica da Silva", para o filme de Cacá Diegues, foi singular. Era o dia da viagem para uma temporada na Cidade do México, e o Cacá, já com o filme pronto, dependia só da música-tema, que era o Jorge quem ia compor. Fomos à tarde para o estúdio: Jorge (voz e violão), Joãozinho (percussão) e eu (baixo). Gravamos assim. Acho que o Jorge compôs na hora. Saímos de lá para o Galeão. Adoro essa música!

Tocar com o Jorge, muitas vezes na base da intuição e do improviso, me deu a maior cancha. Eu comecei a ser requisitado por alguns produtores para gravações em estúdio com diferentes artistas. De alguns eu gostava muito e com outros não me identificava. Mas tinha um lado bom, além de ganhar uma grana sempre bem-vinda, pois a vida de músico é uma batalha eterna pela grana. Não temos salário garantido. Quando um trabalho acaba, o futuro é incerto. Tenho saudade de vários instrumentos que tive que vender para pagar mensalidades de colégios e contas de supermercado. Nossos instrumentos muitas vezes são a nossa poupança... Essas gravações também eram um exercício de tocar uma música que você ainda não conhece e de ter que criar uma levada na hora, junto com outros músicos, que você muitas vezes também não conhece. Não era o que eu mais gostava, pois sempre participei de bandas e estava mais acostumado a ter uma intimidade sonora com quem eu estava gravando. Me sinto mais à vontade assim.

AS GRAVAÇÕES QUE FIZ COM MEU MESTRE JORGE BEN JOR ME DÃO MUITO ORGULHO. A DE "XICA DA SILVA", PARA O FILME DE CACÁ DIEGUES, FOI SINGULAR.

O Moraes, outro com quem eu tinha grande intimidade musical, preparava seu trabalho solo. Ele convidou o Armandinho, que veio da Bahia, o Gustavo e a mim, e gravamos todo o disco... O meu irmão Mú fez a sua estreia profissional nesse LP, tocando piano em uma música – juntos, nós quatro formaríamos mais tarde A Cor do Som. Começamos a fazer shows com o Moraes. Ao mesmo tempo, eu e o Gustavo tocávamos com o Jorge.

Armandinho foi criado tocando chorinhos ao bandolim. Vou abrir outro parêntese para contar uma história ótima dele: Armandinho toca de ouvido, nunca estudou música, assim como eu. Aos quinze anos, se classificou em segundo lugar no programa A Grande Chance foi levado à casa do Jacob do Bandolim pelo pai, seu Osmar, que queria mostrar o talento do filho para o grande instrumentista. O mestre Jacob, que era muito sério, tomava muito café. Ele foi logo falando pro Armando que não dava pra viver só de música e que era importante estudar e ter mais um emprego. Quando o seu Osmar falou que o Armando tocava o "Moto-perpétuo", de Paganini, inteirinho, o Jacob disse:

— Sem ler música, duvido.

Antes do Armando começar a tocar, o Jacob pediu à esposa:

— Adylia, me traz um café.

Armando começou a tocar "Moto-pérpetuo" com agilidade e precisão, características dele, e o Jacob, segurando a xícara sem dar um gole, prestando atenção nota por nota. O Armando me disse que enquanto tocava, levantava os olhos de vez em quando e via o mestre Jacob segurando a xícara sem beber e acompanhando os dedos dele. Quando Armando acabou de tocar, o Jacob falou:

— Adylia, o café esfriou...

Voltando à minha história: no verão de 1976, o André Midani, meu amigo desde a época dos Novos Baianos, me chamou para participar de uma gravação com Mick Jagger. Ele estava de férias no Brasil e queria levar um som com músicos brasileiros. Seria num sábado à tarde, no estúdio da Phonogram, na Barra da Tijuca, com produção musical do meu irmão Sérgio. Eu, que sonhava em ser um Beatle e um Rolling Stone, não acreditava que ia ser mesmo, ainda que por algumas horas! Foi um clima muito relax essa gravação. Os músicos eram os que sempre costumavam ser chamados para as gravações de estúdio: Paulinho Braga (bateria), Antonio Adolfo (piano) e quatro percussionistas de samba. O Mick tocava uma guitarra Fender Stratocaster. Pude ouvir de perto sua incrível voz roqueira. Ele me pedia pra fazer umas frases no baixo, e eu fazia. Ele se amarrava, dizia:

— Great, man!

Ele disse para o Antonio Adolfo fazer uma pegada meio cubana, pediu uma levada tipo marcha para o Paulinho, enquanto os percussionistas tocavam samba. A música se chamava "Scarlet" – o nome da filha dele –, mas nem me lembro mais como era e nunca mais a ouvi.. Ao final da gravação, o Mick ajudou a carregar meu amplificador até o carro, pegou a fita de 24 canais e a levou debaixo do braço. Recentemente, assisti a um documentário no qual ele mostra, em sua casa, um monte de fitas parecidas, que gravou pelo mundo em suas viagens, e pensei: "aquela deve estar ali no meio"

Depois da session, o Sérgio deu carona para o Mick até a casa onde estava hospedado – a da atriz Florinda Bolkan. Nessa noite, eu tinha um show com o Moraes no Teatro Casa Grande. Eu veria Mick Jagger novamente pouco depois, mas como fã.

NO VERÃO DE 1976, O ANDRÉ MIDANI, MEU AMIGO DESDE A ÉPOCA DOS NOVOS BAIANOS, ME CHAMOU PARA PARTICIPAR DE UMA GRAVAÇÃO COM MICK JAGGER.

Ainda em 1976, em junho, viajei com o Jorge pra mais uma temporada na Europa. Ficamos sediados em Paris. Íamos para os shows no resto do continente e voltávamos para lá, onde tocamos no Palais des Sports. O Koski estava fazendo também a turnê europeia dos Stones, e o show deles em Paris seria em seguida ao nosso, num lugar chamado Les Abattoirs, com capacidade para dez mil pessoas. Pela primeira vez, eu iria assistir aos Stones ao vivo! Era um sonho de criança.

Quando os cartazes do concerto deles foram colados pelas ruas da cidade, vinham com uma tarja escrita:

"Sold out, thanks." Toda a equipe francesa – seguranças, roadies etc. – que trabalhara no show do Jorge era a mesma que ia fazer o dos Stones. Todos já eram amigos nossos e tinham se rendido à música do Jorge. Nós tivemos a maior mordomia: backstage, convidados VIPs e até seguranças pra cuidar da gente...

Depois da incrível abertura de Billy Preston, os Stones começaram com "Honky Tonk Women". Depois do show, saímos com um dos carros da produção, atrás dos vários Citroëns que, de portas abertas, esperavam os Stones. Eu me lembro de muitas fãs nas grades gritando:

— Mick, je t'aime!

Essa temporada foi maravilhosa... O show do Jorge no Palais des Sports foi de uma grandiosidade que me absorveu completamente. Jorge abriu o espetáculo com a música "Charles Junior", que começa assim:

> Eu me chamo Charles Junior
> Eu também sou um anjo.

No começo da música, Jorge fazia, de improviso, um rap (isso em 1976!), em que ele começava dizendo:

> Eu nasci de um ventre livre...

Era um improviso que fazia quase todos os pelos dos nossos corpos se arrepiarem! Inesquecível!

Depois, já no meu quarto, eu ainda estava pensando no concerto quando alguém bateu à porta. Quando abri, era meu mestre Jorge Ben Jor. Ele, sem falar nada, entrou, me abraçou, deitou a cabeça no meu ombro e chorou durante quase dois minutos. Eu só dizia que ele merecia aquela linda noite, que o show tinha sido muito emocionante... Aquele foi um momento muito especial. De repente, Jorge levantou a cabeça e, com os olhos ainda úmidos me perguntou:

— Vamos jantar?

— Vamos nessa!, respondi.

TIVE A HONRA DE SER O BAIXISTA DA GRAVAÇÃO DO LP *ÁFRICA BRASIL,* UM DISCO PREMIADO PELA EDIÇÃO AMERICANA DA REVISTA *ROLLING STONE.*

Tive a honra de ser o baixista da gravação do LP *África Brasil*, um disco premiado pela edição americana da revista *Rolling Stone*. Gravamos nos estúdios da Phonogram, na Barra. O Jorge tinha concebido a ideia de um disco com muitas percussões, uma ponte entre África e Brasil, como diz o título. Ele foi o maestro das percussões, já sabia o que queria para cada canção. Jorge tem uma grande noção de levadas de percussão. Ele definia o suingue da música com a bateria e as percussões.

O Liminha, ex-baixista dos Mutantes, me disse que foi durante esse trabalho que o apresentei para o Mazzola, o produtor musical do disco, dizendo que ele tocava pra caramba. O Liminha tinha vindo pro Rio depois que os Mutantes encerraram a carreira, chamado pelos meus velhos camaradas Rick e

Louie, pra fazer uma banda chamada Domengro. Eles ensaiavam na Phonogram.

Como nada acontecia e ele estava duraço – já pensando em voltar pra São Paulo – o Mazzola começou a convidá-lo para várias gravações. E dali o Liminha se tornou o grande produtor musical que a gente conhece.

A Cor do Som

Em 1977, eu continuava fazendo minhas turnês com o Jorge e, ao mesmo tempo, formamos uma banda para acompanhar o Moraes Moreira, em início de carreira solo: Armandinho (bandolim), Gustavo Schroeter (bateria), Mú (teclados) e eu (baixo). Com a ligação que o Armandinho e o Mú têm com o chorinho, começamos a ensaiar, sem o Moraes, alguns temas instrumentais. Quando meu irmão Sérgio, na época produtor da Phonogram, percebeu a estética musical que se iniciava ali, propôs que gravássemos duas músicas para ele apresentar na reunião de produção da gravadora.

Na noite em que estávamos ensaiando num dos estúdios da Phonogram para a gravação, o Caetano estava no estúdio ao lado, gravando seu disco *Bicho*. Quando me viu, disse para eu não entrar no estúdio dele porque estava fazendo uma surpresa pra mim. Caetano gravava a música "O leãozinho".

Alguns dias depois, durante a reunião de produção da Phonogram, Sérgio mostrou a gravação que fizemos de "Brejeiro", de Ernesto Nazareth, e sugeriu a nossa contratação, na certeza de que tinha um bom produto nas mãos. Não rolou. O pessoal gostou, mas achou que, por sermos uma banda instrumental, as vendas não seriam altas. Foi quando Sérgio e o Guti Carvalho, que veio a ser nosso produtor, falaram da gente pro nosso amigo André Midani, que estava procurando artistas para o seu cast da recém-implantada Warner/Electra/Atlantic (WEA). E o André falou:

— A banda do Dadi? Eu quero!

Assinamos com a WEA para gravar três discos. Faltava escolher um nome. Batizamos de A Cor do Som, depois de pedir autorização pro Galvão e pro Pepeu. Começamos a ensaiar no estúdio da WEA, no Rio Comprido. O Mú, por influência da nossa mãe, passeava pelo chorinho e pela música erudita, e teve uma forte sintonia com o Armando, pois, além dos frevos, também tinha o choro e os clássicos na ponta dos dedos.

Começaram a compor. O Mú é um grande compositor de música instrumental. Eu acho que isso ajudou a nossa banda a ser diferente das do gênero que rolavam na cena mundial. Não éramos uma banda de fusion, nossos temas não eram como aqueles exercícios que se aprendiam na Berklee. Tínhamos a nossa singularidade.

NA NOITE EM QUE ESTÁVAMOS ENSAIANDO NUM DOS ESTÚDIOS DA PHONOGRAM PARA PREPARAR AS MÚSICAS PARA A GRAVAÇÃO, O CAETANO ESTAVA NO ESTÚDIO AO LADO, GRAVANDO SEU DISCO *BICHO*. QUANDO ME VIU, DISSE PARA EU NÃO ENTRAR NO ESTÚDIO DELE PORQUE ESTAVA FAZENDO UMA SURPRESA PRA MIM. CAETANO GRAVAVA A MÚSICA "O LEÃOZINHO".

O produtor do disco foi o meu primo Guti Carvalho, que o André tinha contratado para ser diretor artístico da WEA, junto do Mazzola. O Guti achou melhor irmos pra São Paulo para a gravação do nosso LP, para ficarmos mais concentrados no trabalho. Ficamos em um hotel cinco estrelas, zerinho. Convidamos para as percussões o Joãozinho e o Neném da Cuíca, que tocavam comigo e Gustavo na banda do Jorge Ben Jor, e um percussionista baiano, o Ary Dias, que tinha um grupo chamado Banda do Companheiro Mágico e também tocava com o Armando no Trio Elétrico Dodô e Osmar. Depois que saiu o nosso primeiro LP, a banda do Ary se dissolveu, e nós o convidamos para ser oficialmente o nosso quinto integrante. É por isso que ele não está na capa do primeiro LP.

Em São Paulo, no primeiro dia de gravação, tudo certo, aquele hotel maravilhoso, fomos para o estúdio Vice-Versa às dez da manhã. Ficamos lá até às dez da noite e não conseguimos gravar nada! Voltamos pro hotel um pouco frustrados. Não estávamos inspirados... Em compensação, no dia seguinte gravamos cinco músicas, inclusive uma que foi composta por todos nós e que viria a ser um clássico da nossa banda, "Arpoador", um tema que tinha um solo de cada um de nós. A faixa foi gravada sem overdubs, apenas de percussões. Os dias que se seguiram foram inspirados, e gravamos todo o LP. As fotos foram tiradas pelo Ivan Cardoso. Nesse disco, só tem uma faixa cantada, que foi uma música que fiz e o nosso amigo Marcelo Costa Santos colocou letra.

ASSINAMOS COM A WEA PARA GRAVAR TRÊS DISCOS. FALTAVA ESCOLHER UM NOME. BATIZAMOS DE A COR DO SOM, DEPOIS DE PEDIR AUTORIZAÇÃO PARA GALVÃO E PEPEU.

O disco saiu e foi muito bem recebido pelos críticos. Todas as matérias, jornais, revista *Veja*, só elogios maravilhosos. Diziam que a gente estava renovando o chorinho, misturando com uma linguagem rock. Fomos elogiados até por Egberto Gismonti, em uma entrevista concedida por ele para a *Veja*.

O Egberto é um músico completo, toca um piano mágico, suas harmonias são músicas...

O DISCO SAIU E FOI MUITO BEM RECEBIDO PELOS CRÍTICOS. TODAS AS MATÉRIAS, JORNAIS, REVISTA *VEJA*, SÓ ELOGIOS MARAVILHOSOS.

Participamos de um festival de chorinho da TV Bandeirantes com "Espírito infantil", uma composição incrível do Mú, e ficamos em quinto lugar. O chorinho era tocado com teclados, baixo elétrico, bateria, percussões e guitarras. Fomos elogiados até pelo José Ramos Tinhorão, um crítico de música jogo duro. Após a nossa apresentação, quem veio ao nosso camarim foi o mestre Waldir Azevedo, a grande referência do chorinho, e nos parabenizou dizendo que estávamos dando vida nova ao ritmo. Ficamos sem palavras.

O nosso primeiro show foi no Rio de Janeiro, no Teatro Tereza Rachel. Foi produzido pelo Carlinhos Sion. Fizemos o roteiro e combinamos o que cada um falaria entre algumas músicas. Caetano e nossos amigos Arnaldo Brandão e Vinicius Cantuária, que já faziam parte do A Outra Banda da Terra, grupo que acompanhou Caetano durante anos, estavam na plateia. Na hora, todos nós (tirando o Gustavo), super tímidos, não falamos nada. Só tocamos. Foi um concerto muito bom. Eram três trabalhos que aconteciam ao mesmo tempo: tocar com Jorge Ben Jor pelo mundo afora, com Moraes pelo Brasil e com A Cor em São Paulo e no Rio, já com o nosso público crescendo, sempre com muitas gatinhas na plateia.

Em setembro de 1977, eu e Leilinha nos casamos no Rio, numa igrejinha na Gávea.

Jorge Ben Jor e Domingas, Caetano e Dedé, Paulinho e Losinha foram alguns dos nossos padrinhos de casamento. No dia seguinte à nossa lua de mel de um dia, eu tive que viajar para fazer um show com o Jorge.

Um disco que é muito importante pra mim é o *Songs in the Key of Life*. Quando comprei esse disco, tinha acabado de me mudar com a Leilinha para o meu primeiro apartamento, no Leblon. Sou louco por Stevie Wonder, acho ele um gênio! Eu fico pensando: o Stevie é daquelas pessoas – não necessariamente na música – que, se não existissem, tornaria ainda mais difíceis as coisas difíceis neste mundo. Quando eu realmente gosto de uma coisa, sei que é pra sempre. A qualquer hora que escuto as músicas desse disco, volto para aquele apartamento, com a maior felicidade. A música tem esse poder.

ERAM TRÊS TRABALHOS QUE ACONTECIAM AO MESMO TEMPO: TOCAR COM JORGE BEN JOR PELO MUNDO AFORA, COM MORAES PELO BRASIL E COM A COR EM SÃO PAULO E NO RIO, JÁ COM O NOSSO PÚBLICO CRESCENDO, SEMPRE COM MUITAS GATINHAS NA PLATEIA.

Quando a WEA completou seu primeiro ano no Brasil, o André nos convidou para tocar na festa comemorativa. O Claude Nobs, criador do Festival de Montreux, e o Nesuhi Ertegun, legendário fundador da WEA Internacional, estavam presentes. O Claude nos convidou para fazer uma apresentação em Montreux, em 1978.

O Trio Elétrico era, para o Armandinho, naturalmente, a banda mais importante. Era formada por seu pai e seus irmãos. Mas ele tinha o maior carinho pelo A Cor do Som. Nós sempre tivemos um entendimento e uma amizade muito forte. O Armando começou a ter que se desdobrar para fazer os shows do Trio e os shows da Cor. Um de seus irmãos, o Aroldo – grande músico e compositor – foi com a gente para tocar o segundo bandolim. Quando chegamos a Montreux, na Suíça, além da emoção do nosso primeiro show internacional, todas as lojas daquela linda cidade estampavam nas vitrines a capa do nosso primeiro LP. E nem eram lojas de discos...

EM SETEMBRO DE 1977, EU E LEILINHA NOS CASAMOS NO RIO, NUMA IGREJINHA NA GÁVEA. JORGE BEN JOR E DOMINGAS, CAETANO E DEDÉ, PAULINHO E LOSINHA FORAM ALGUNS DOS NOSSOS PADRINHOS DE CASAMENTO.

Aquela foi a primeira Nuit Brésilienne, a noite brasileira do festival, que acontece até as edições atuais. Naquele tempo, o festival era bem focado em jazz, diferentemente de agora, que abrange outros estilos, qualquer estilo. A nossa noite era formada assim: Ivinho, um violonista pernambucano que tocava pra caramba e se apresentava só com seu violão (que estava quebrado e tinha um buraco na lateral); A Cor do Som; Airto Moreira e suas percussões, inclusive um instrumento com a forma de uma mulher, chamado Josefine, do qual ele tirava som de todas as maneiras, até esganando a moça; e Gilberto Gil, fechando a série. O mestre Ray Charles se apresentaria uma noite antes da nossa.

Além de vários nomes do jazz, havia também um batera de quem a gente era muito fã, Billy Cobham, que tinha lançado um disco muito bom, e John McLaughlin. Eu estava muito a fim de ver o Ray Charles, era um sonho... Em Montreux, ficamos hospedados no hotel Eden au Lac. Estávamos cheios de gás e curtindo tudo.

Chegamos à cidade uma semana antes do dia do show, mas só íamos ensaiar em estúdio na véspera da apresentação. O André, outro irmão do Armandinho, também foi, a passeio, e ficou no quarto dele e do Aroldo. Eles achavam que estava tudo certo, não viam problema em manter mais uma pessoa no quarto sem comunicar à recepção. No dia em que estávamos ensaiando, quase no fim do ensaio, já pensando no show do Ray Charles, o André Midani entrou no estúdio, junto com uma loura que fazia parte da organização do festival. Ele deu uma bronca, daquelas tipo pai pra filho, dizendo que a gente não podia ter feito aquilo. E a funcionária do festival falava:

— Il y a un clandestine!

Tinha um clandestino hospedado no quarto: André, o irmão do Armandinho... Eles deviam ter comunicado à recepção do hotel. Aquela bronca do André Midani deu uma baixada no nosso astral. Ainda bem que só tocaríamos no dia seguinte.

Depois do esporro, saímos correndo para o Cassino, onde o show do Ray já tinha começado. Eu me senti abençoado quando entrei no teatro e começavam os primeiros acordes de "Georgia on My Mind"...

QUANDO CHEGAMOS A MONTREUX, NA SUÍÇA, ALÉM DA EMOÇÃO DO NOSSO PRIMEIRO SHOW INTERNACIONAL, TODAS AS LOJAS DAQUELA LINDA CIDADE ESTAMPAVAM NAS VITRINES A CAPA DO NOSSO PRIMEIRO LP. E NEM ERAM LOJAS DE DISCOS...

No dia seguinte, haveria a Nuit Brésilienne em duas sessões: a primeira, às quatro da tarde; a segunda, às oito da noite. O crítico musical Tárik de Souza estava lá, a convite da WEA, para cobrir o evento para o *Jornal do Brasil*. O Nelsinho Motta também estava presente, além do A&R – como é conhecido o pessoal da divisão Artistas e Repertório das gravadoras, responsável pela pesquisa de talentos e desenvolvimento artístico dos músicos – da WEA, e do presidente mundial da gravadora, Nesuhi Ertegun.

O show foi filmado e gravado: no teatro do Cassino tinha um estúdio de 24 canais. A apresentação da tarde foi deliciosa. Casa cheia, garotada, um cheiro de haxixe no ar, todo mundo dançando com o nosso som. Lembro de estar tocando e de ver o Tárik, bem na frente do palco, fazendo com a mão um sinal de positivo pra mim, rindo, dizendo que estava muito bom. Aquilo me empolgou!

O show da noite foi mais difícil. Nós gastamos muita energia à tarde e, não sei por quê, decidimos aumentar o set list para o show da noite. Resolvemos tocar também a música "Eleanor Rigby", dos Beatles, em ritmo de frevo, num arranjo do Trio Elétrico do Armandinho. O público da noite era bem diferente do público da tarde. Era um público mais jazzista. Começamos bem, com nossos temas meio na onda do chorinho, tocados com bateria, minimoogs e bandolins. O técnico de som vacilou e se confundiu com os bandolins, já que tinha dois, o do Armandinho e o do Aroldo – que ficou o tempo todo mais alto (era pra ser ao contrário). O show correu bem até a penúltima música, "Cochabamba", que era o maior sucesso nos nossos shows no Brasil, mas que tinha uma levada meio disco – e o público de jazz era contra essa onda. Ouvimos um "Uh! Uh!" vindo de longe, misturado com os aplausos, sem entender que aquilo era uma vaia. O som vinha lá de trás.

O Claude Nobs entrou no palco e saiu em nossa defesa. Dirigindo-se à plateia, reclamou que já tinham feito aquilo com o Milton Nascimento no ano anterior, quando ele subiu ao palco acompanhado por guitarras elétricas. Disse ainda que, só porque éramos brasileiros, achavam que devíamos tocar somente tambores. O público aplaudiu, e nós, que já havíamos saído do palco, voltamos para um bis e encerramos a apresentação com o frevo do Trio Elétrico. Como foi tudo gravado, lançamos depois em disco: *A Cor do Som ao vivo em Montreux*. Não mexemos em nada na mixagem. Deixamos tudo como realmente foi, inclusive as vaias. O Charles Gavin relançou em CD alguns álbuns do A Cor do Som. Hoje em dia tem uma garotada que adora esse disco.

LEMBRO DE ESTAR TOCANDO E DE VER O TÁRIK, BEM NA FRENTE DO PALCO, FAZENDO COM A MÃO UM SINAL DE POSITIVO PRA MIM, RINDO, DIZENDO QUE ESTAVA MUITO BOM. AQUILO ME EMPOLGOU!

O Airto Moreira fazia o seu show só de percussão quando algum brasileiro na plateia gritou:

— Toca música!

— Música é a mãe!, respondeu ele rapidamente.

Foi muito divertida essa nossa estada em Montreux. O Mú tocou os teclados na banda do Gil. Pepeu e Jorginho também estavam tocando com ele. O show do Gil à noite também começou frio e só mudou quando ele, com toda a sua experiência de palco, foi mudando o repertório e cantando sambas e sambas-enredos. Ganhou a plateia! Dois dias depois, fizemos um show, junto com o Gil, numa varanda, num almoço só para os músicos que participaram do festival. No fim, virou uma grande jam session, com o Billy Cobham na bateria, o John McLaughlin na guitarra, e o Gil no comando.

Uma noite, estávamos tocando uns chorinhos no quarto – eu no violão e o Armandinho no bandolim – e alguém do festival, que ouvia o nosso som, falou que a gente tinha que tocar daquele jeito porque as pessoas iam adorar. Havia uma boate no subsolo do Cassino de Montreux, onde todos os músicos se encontravam pra fazer umas jams. Estávamos todos lá: A Cor do Som, Pepeu e Jorginho.

Nessa noite, só tinha feras do jazz, tocando pra caramba, e uma pessoa do festival estava lá, já meio doidona, e nos convenceu – Armando e eu – a buscarmos o violão e o bandolim no hotel, para tocar aqueles chorinhos, do jeito que a gente tocou pra ele. Quando voltamos com os instrumentos, ele tirou os outros músicos de jazz do palco e falou que os brasileiros iam tocar. Todos saíram do palco, menos o pianista. Mas, em vez de tocar um som acústico, o Gustavo foi pra bateria, o Jorginho pra percussão, o Pepeu pegou a guitarra, o Armando, o bandolim, e eu peguei o baixo. O pianista americano que tinha permanecido no palco, ao meu lado, começou a fazer uma levada com a mão esquerda no piano e me chamou para ir na dele, com meu baixo. Eu fui na levada suingada dele. De repente, só escutei aquela introdução de "Brasileirinho", na maior pauleira, ao nosso lado, vindo como um calhau gigante por cima da gente! O pianista chegou perto de mim e disse:

— I'll get a whisky...

Tudo virou rock n' roll. Nunca mais vi esse pianista.

Meus companheiros ficaram em Montreux, de onde seguiriam para Nova York. Eu voltei ao Brasil, porque a Leilinha estava esperando nosso primeiro filho e chorou ao telefone pedindo pra eu voltar pra casa. Vim junto com o André Midani, que alugou um carro e foi dirigindo de Montreux a Genebra para pegarmos o voo para o Brasil. Nunca imaginei que o André corresse tanto ao volante... Com aquele limite de velocidade liberado, tive que ficar na maior ligação – acho que, ao volante, só confio em mim.

Quando pegamos o avião da Varig, voltando pro Rio, enquanto eu tomava uma taça de Chateauneuf du

Pape, vi a bordo um *Jornal do Brasil* do dia anterior. Peguei para ler e, no Caderno B, estava publicada a matéria sobre o festival de Montreux, assinada pelo Tárik de Souza, ilustrada por fotos dos shows. Uma delas tinha foco em mim e no Armandinho tocando no palco, com a seguinte legenda: "Aos gritos de 'queremos jazz', público vaia A Cor do Som". Eu me lembrei do show da tarde em Montreux, que foi um sucesso total, com o Tárik fazendo sinal de positivo. Sofri com aquela legenda. Bom, mas o vinho estava ótimo.

Quando tivemos a reunião com o André Midani para a gravação do terceiro disco, ele nos disse que nossa vendagem, em torno de duas mil cópias, gerava prejuízo para a WEA e que a gente tinha que fazer alguma coisa pra alterar aquele quadro. Ele, então, sugeriu que cantássemos em algumas faixas, para que algumas de nossas músicas tocassem nas emissoras de rádio, o que permitiria aumentar o montante de venda de nossos discos. Quando comentei isso com nosso amigo Vinicius Cantuária, ele falou:

— Deixa comigo.

Fomos, então, até a casa do Caetano, a quem Vinicius pediu uma música pra a gente gravar. Caetano mostrou uma canção que tinha acabado de fazer: "Beleza pura". Vinicius fez o mesmo com o Gil, que nos deu "Abri a porta", que ele tinha feito com Dominguinhos. O Moraes Moreira colocou letra em uma música do Mú: "Swingue menina".

Começamos a gravação no estúdio Transamérica, com o Vitor Farias, engenheiro de gravação, e o Guti produzindo. O disco se chamou *Frutificar*, título de uma linda música instrumental composta pelo Mú em um momento inspirado. Fizemos uma gravação

99

de "Assanhado", do Jacob do Bandolim, que é um registro do qual tenho muito orgulho. A execução do Armandinho é de uma perfeição e criatividade quase impossível de ser superada. Continuamos com a nossa proposta de fazer música instrumental, mas incluímos no disco as três faixas cantadas. Armandinho escolheu "Beleza pura", Mú cantou a música que fez com o Moraes, e eu cantei "Abri a porta".

A gente, que nunca tinha gravado cantando, passou um sufoco! Eu tomei uma garrafa de vinho do porto quase inteira... Levei a noite toda pra gravar! O Guti chamou o Nivaldo Ornelas, que além de ser um incrível saxofonista, é um grande maestro e escreve arranjos maravilhosos. Nivaldo viria a assinar todos os nossos arranjos de cordas daquele momento em diante.

QUANDO TIVEMOS A REUNIÃO COM O ANDRÉ MIDANI PARA A GRAVAÇÃO DO TERCEIRO DISCO, ELE NOS DISSE QUE NOSSA VENDAGEM, EM TORNO DE DUAS MIL CÓPIAS, GERAVA PREJUÍZO. ELE, ENTÃO, SUGERIU QUE CANTÁSSEMOS EM ALGUMAS FAIXAS, PARA QUE ALGUMAS DE NOSSAS MÚSICAS TOCASSEM NAS EMISSORAS DE RÁDIO.

Para a capa do LP *Frutificar*, fomos fotografados pelo Antonio Guerreiro e maquiados pelo Carlos Prieto. Usamos umas roupas de plástico coloridas. Ficamos ridículos. Mas deu certo: a nossa venda passou para oitenta mil discos – cifra fantástica para aquela época e, com certeza, também para os dias de hoje. Viramos pop stars na WEA. Éramos os maiores vendedores de dis-

Por mais de quarenta anos, Dadi participa de uma série de momentos muito importantes da música brasileira. E agora, finalmente, podemos ler suas histórias. Por favor, não perca.

MARISA MONTE

Dadi.UnanimiDadi. Todo mundo adora o Dadi. Como pessoa, como artista, como um ser de Luz que sempre incorpora um pirlimpimpim à nossa existência.

ROBERTO DE CARVALHO

O Dadi é uma das pessoas mais doces e gentis que conheço. Sua capacidade, facilidade e disposição constante para a música não o desviam de usar somente o necessário, para acentuar os modos como ela nos move e comove. Não é à toa que sua presença acabou se tornando uma intersecção entre as manifestações mais potentes da nossa música popular, desde o início dos anos setenta. Tocando, compondo, arranjando ou produzindo, ele sempre traz uma luz nova às canções. E Dadi também é um excelente contador das histórias que foi colecionando nessa trajetória-vida. Agora finalmente as compartilha neste livro, para curtirmos junto com seu som.

ARNALDO ANTUNES

Sou espectador privilegiado do seu imenso talento e testemunha de sua real importância. Sua contribuição para a MPB tem sido enorme.

ANDRÉ MIDANI

Dadı da escola de Harol Flavi
Dadi de bass and man
Dadi o Dad que parece ir ao Daniel e ao André

Dadi on namorado eterno da Leilinha
a filha do samurai rubro-negro
Da em nome do bass do swing
da base e do solo
toca Dadi
Dadi quando não senta o ferro
senta o bailout e vice-versa
com um procedimento tão grande
de tempo espera música ritmo e bom gosto
e em levadas de baixo em
Ive Brussel, Xica da Silva
Cuidado com o Bulldog
meu amor meu amor.
Se segura malandro
Umbabarauma
Jorge da Capadócia etc.

Black Comanche
JORGE BEN JOR

Aos 10 anos, em Ipanema, já decidido a ser músico por influência de Jorge Ben Jor.

Ensaio da primeira banda, The Goofies, na casa do dr. Manoel Ferreira, avô do guitarrista Rick Ferreira.

Ensaiando na fazenda em São Paulo para a gravação do LP *Novos Baianos – Linguagem do alunte.*

Teatro Tereza Rachel, apresentando o repertório que viria a ser o LP *Acabou chorare*, 1972.

No violão de sete cordas, com Pepeu Gomes na craviola.

Com Leilinha, em São Paulo, na fazenda em que ficaram hospedados para a gravação do LP *Novos Baianos*.

Com Leilinha, no sítio dos Novos Baianos em Vargem Grande.

Ouvindo a base de uma das músicas durante a gravação do disco *Novos Baianos*, em São Paulo.

Logo depois de deixar o baixo na Kombi que seguia para o show dos Novos Baianos, em Niterói.

No sítio dos Novos Baianos, logo depois de ter cortado o baixo Fender Jazz Bass para ficar com o mesmo formato da guitarra de Pepeu Gomes.

Na primeira turnê internacional com Jorge Ben Jor, no Olympia de Paris, 1975.

Gravação de especial com A Cor do Som para a TV Cultura, 1979.

Gravação do primeiro disco do A Cor do Som no estúdio Vice-Versa, em São Paulo, 1977.

Em turnê com A Cor do Som, no primeiro show da banda.

ARQUIVO PESSOAL

Com Moraes Moreira, Haroldo de Carvalho, meu pai, Armandinho e fãs, no camarim do Teatro Ipanema, após o show do A Cor do Som, 1979.

Com Davi Moraes e Waldonys na turnê *Verde, anil, amarelo, cor-de-rosa e carvão*, de Marisa Monte.

Dirigido por Caetano Veloso no filme *Cinema falado*.

Pouco antes de perder o ônibus da turnê *Circuladô*, de Caetano Veloso, na Alemanha.

Show com Barão Vermelho, no Rio de Janeiro, 1990.

Com Paula Lavigne, Caetano Veloso e Jaques Morelenbaum, na Bélgica.

Participação especial de Arnaldo Antunes em show na casa Posto 8, 2009.

Tribalistas em apresentação no Grammy Latino, 2003.

Com o mestre Jorge Ben Jor e Marisa Monte nos bastidores de uma gravação para TV, na casa de André Midani, 2014.

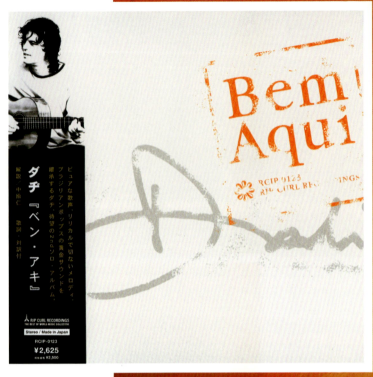

CD *Bem aqui*, originalmente lançado no Japão.

Com Vinicius Cantuária e Jesse Harris, no Japão, 2013.

Com os filhos André Carvalho (violão e voz) e Daniel Carvalho (baixo), e Carlos Sales (bateria), 2008.

Com Davi Moraes, 2008.

PEDRO OSWALDO CRUZ

Este livro é dedicado a ela, Losinha, irmã e grande incentivadora. Sem ela, este livro não existiria.

cos da gravadora. As músicas estouraram nas emissoras de rádio. Começamos a lotar estádios. Muitas fãs...

Eu continuava a fazer shows e gravações com o Moraes, e shows com o Jorge e com A Cor do Som. Dava para equilibrar tudo. Era o ano de 1979. Fiz uma temporada maravilhosa com o Jorge no Teatro Clara Nunes, durante um mês. Era perfeito! O som era bom, aquele suingue do Jorge, solos de baixo, com o repertório do disco *A banda do Zé Pretinho*, lançado no ano anterior. Eu acho que foram os melhores shows que fiz com o Jorge no Brasil. Muitas amigas fãs na plateia.

FOMOS, ENTÃO, ATÉ A CASA DO CAETANO, A QUEM VINICIUS CANTUÁRIA PEDIU UMA MÚSICA PARA A GENTE GRAVAR. CAETANO MOSTROU UMA CANÇÃO QUE TINHA ACABADO DE FAZER: "BELEZA PURA". VINICIUS FEZ O MESMO COM O GIL, QUE NOS DEU "ABRI A PORTA", QUE ELE TINHA FEITO COM DOMINGUINHOS. O MORAES MOREIRA COLOCOU LETRA EM UMA MÚSICA DO MÚ: "SWINGUE MENINA".

No dia 26 de janeiro de 1979, bem no meio dessa temporada, Leilinha, com nove meses de gravidez, estava esperando por mim na casa dos meus pais, em Ipanema. Saindo do Teatro Clara Nunes, no Shopping da Gávea, após mais um show chocante com o Jorge, eu, dirigindo um fusquinha vermelho emprestado pelo sr. Marcos – meu sogro e um dos maiores flamenguistas que já conheci –, fui buscá-la, levando comigo o baixo Fender Precision 62, que era do Jorge e ele quis trocar por uma guitarra que comprei em Londres. Quando estava encostando o carro, meu irmão Sérgio gritou da varanda do apartamento: "A bolsa da Leilinha estourou! Todo mundo já foi pra maternidade! Vai nascer!" Eu e meu Precision nem saímos do carro, fomos direto pra maternidade! Nem sei como consegui dirigir! Ia chorando de felicidade pelo caminho... As pessoas que passavam por mim nos outros carros me olhavam e não entendiam nada. Quando cheguei, a Leilinha estava na maior calma. A grana era curta, e a maternidade era simples. Meu pai ria quando lembrava que ao chegar à recepção falei:

— Quero o melhor quarto!

Na hora do nascimento, só eu, o obstetra, duas enfermeiras e a Leilinha. Não tinha nem pediatra... Mas, graças a Deus, Daniel chegou lindo, às três e meia da manhã do dia 27 de janeiro de 1979. No show do dia seguinte, o poeta Jorge Ben Jor cantou uma música de improviso, falando da chegada do Daniel... Que presente lindo ele me deu!

COM *FRUTIFICAR*, A NOSSA VENDA PASSOU PARA OITENTA MIL DISCOS – CIFRA FANTÁSTICA PARA AQUELA ÉPOCA E, COM CERTEZA, TAMBÉM PARA OS DIAS DE HOJE. VIRAMOS POP STARS NA WEA. ÉRAMOS OS MAIORES VENDEDORES DE DISCOS DA GRAVADORA.

Os shows que fazíamos eram pagos pela renda da bilheteria, que só dava para cobrir as despesas – ainda mais porque éramos cinco para dividir. Fizemos, por três vezes, o Projeto Pixinguinha, pela Funarte, que era muito bom. Acontecia durante um mês, cada semana numa cidade, com shows às seis da tarde. Os concertos eram sempre com dois artistas. Na primeira vez, foi A Cor do Som e Moraes Moreira. Na segunda, A Cor do Som e o Trio Elétrico Dodô e Osmar. Com o Moraes, fomos para o Sul do Brasil e, com o Trio, para a região Centro-Oeste. Na terceira, tivemos a honra de dividir o palco com o mestre Johnny Alf, uma pessoa calma, com a sua sabedoria musical e de vida. Ele ensinou ao Mú uma harmonia de "Chega de saudade", cujo caminho harmônico só é percorrido pelos grandes mestres.

A Zizi Possi, que estava começando a carreira artística, fazia uma participação nesse show, cantando algumas músicas. Dividimos vários concertos com o Moraes. A gente fazia a primeira parte, só instrumental, e na segunda a gente o acompanhava em suas canções. Quando começamos a fazer shows cantando nossas próprias músicas, que começavam a tocar nas estações de rádio, tivemos, junto com o Moraes, duas apresentações vendidas, com tudo pago, na Bahia. Vou contar como foi essa viagem. Minha amiga Lívia Monte sempre ri muito com essa história.

TIVEMOS A HONRA DE DIVIDIR O PALCO COM O MESTRE JOHNNY ALF, UMA PESSOA CALMA, COM A SUA SABEDORIA MUSICAL E DE VIDA.

Nossos empresários da época, Valéria e Felipe, venderam dois shows do A Cor do Som e do Moraes Moreira para as cidades de Senhor do Bonfim e Juazeiro, na Bahia. Ficamos empolgados, porque seria a primeira vez que ganharíamos dinheiro sem nos preocupar com a bilheteria. Sairíamos no sábado, do Rio para a Bahia, num voo comercial. Em Salvador, um pequeno avião iria nos levar para a cidade de Senhor do Bonfim, onde aconteceria o primeiro dos dois shows, naquele mesmo dia.

Saímos às sete da manhã para o aeroporto do Galeão e pegamos o voo às dez para Salvador. Chegando a Salvador, as coisas tinham mudado. Em vez de avião, tinham dois carros nos esperando, um velho Galaxie e um Opala. Estávamos com os nossos instrumentos, inclusive a bateria do Gustavo. Espalhamos tudo pelos carros.

Mú foi no carro do Armandinho. Alguns outros da equipe foram no Opala, e eu, Moraes, Valéria e Ary Dias nos acomodamos no Galaxie, levando a case de ferragens da bateria, bem grande e pesada, com a gente. Seriam mais de seis horas de viagem até a cidade onde tocaríamos naquela noite. O motorista do Galaxie velho em que viajamos era um baiano gordinho, bem relax, e usava uma havaiana que saía pra fora do seu pé no acelerador, por causa de sua postura descansada. Eu e o Moraes fomos na frente do carro, ao lado do motorista. A Valéria e o Ary, com alguns instrumentos, foram na parte de trás, e a case da bateria ficou acomodada na mala do carro. Seguimos viagem.

Depois de mais ou menos uma hora na estrada, começou a maior chuva. O tranquilo motorista baiano falou calmamente pra mim e pro Moraes:

— Vocês vão ter que revezar.

Nós perguntamos em quê. Ele respondeu que o limpador do para-brisa estava quebrado e mostrou uma corda que estava amarrada nas palhetas. Eu e o Moraes seríamos os motores. Ficamos revezando, mexendo as mãos de um lado para o outro com a corda, para movimentar as palhetas e assim tirar a água do vidro da frente para que fosse possível enxergar a estrada. Quando um cansava, passava pro outro. Foi aí que eu notei o esforço que aquele motorzinho do limpador de para-brisa tem que fazer. Só assim a gente dá valor ao esforço alheio...

A chuva, graças a Deus, parou. Era o tempo do racionamento de gasolina, e os postos fechavam às cinco da tarde. Já era isso quando paramos num posto para encher o tanque do Galaxie velho. Seguimos viagem.

Quase uma hora depois, o velho Galaxie começou a engasgar. O rechonchudo motorista achava que a gasolina estava adulterada. Acho que estava mesmo, pois o Galaxie parou de vez. Ficamos naquela estrada deserta um tempão, sem conseguir fazer o carro funcionar. Já era noite, e a única iluminação era a luz do rádio do Galaxie, que estava ligado. O céu já estava sem nuvens.

Depois de um longo tempo, vimos um farol chegando e fizemos sinal para o carro parar. Era uma Brasília verde, com um motorista gente fina. Explicamos que estávamos muito atrasados para o show e perguntamos se ele podia dar uma carona. Ele concordou. Entramos no carro, colocamos a case da bateria no banco de trás e algumas coisas no colo, e falamos pro gordão que íamos mandar alguém para buscá-lo. Ele disse que não ia ficar lá sozinho de jeito nenhum e entrou na frente comigo. Fiquei imprensado entre o motorista da Brasília e o nosso motorista grandinho. Seguimos novamente viagem.

NOSSOS EMPRESÁRIOS DA ÉPOCA, VALÉRIA E FELIPE, VENDERAM DOIS SHOWS DO A COR DO SOM E DO MORAES MOREIRA PARA AS CIDADES DE SENHOR DO BONFIM E JUAZEIRO, NA BAHIA. FICAMOS EMPOLGADOS, POIS SERIA A PRIMEIRA VEZ QUE GANHARÍAMOS DINHEIRO SEM NOS PREOCUPAR COM A BILHETERIA.

Cerca de quarenta minutos depois, um pneu traseiro da Brasília estourou. Tudo certo. O motorista parou e viu que estava sem estepe. Saltamos todos do carro, tiramos tudo, inclusive a case pesada da bateria, e ficamos no meio do nada, naquela estrada que ia pra Juazeiro, na Bahia...

O motorista da Brasília falou que ia procurar um posto pra consertar o pneu e que voltaria pra nos buscar. Ficamos naquela escuridão total. O céu, àquela altura totalmente aberto, estava lindo com várias estrelas.

Depois de algum tempo, que eu já não sabia quanto, novamente vimos uma luz vindo pela estrada. Fizemos sinal. Um ônibus de carreira parou pra gente. Entramos no veículo, que estava lotado, apenas poucos assentos livres. Colocamos a case da bateria no corredor, bem ao lado do motorista, e eu fiquei sentado em cima dela. Estávamos já muito cansados, famintos e super atrasados. O ônibus seguiu viagem. Eu ficava pensando no que as outras pessoas da equipe, que já deviam ter chegado há muito tempo, estavam imaginando sobre o que teria acontecido com a gente. O telefone celular ainda não tinha sido inventado.

Quando estávamos chegando finalmente nos arredores da cidade, vi umas sombras ao longe, na estrada. Eu tentei avisar o motorista:

— Acho que tem umas...

Não deu tempo de completar a frase. Eram umas vaquinhas atravessando a rua, sem olhar! O ônibus atropelou algumas delas. Foi duro... Com o farol quebrado, o veículo teve que parar num bar na estrada, na entrada da cidade. Sentamos à mesa desse bar, totalmente arrasados, com as mãos na cabeça, e ainda ouvindo ao longe um mugido sofrido.

Alguém avisou ao produtor, que mandou o Opala buscar a gente nesse bar. Quando chegamos ao clube onde o show, com duas horas de atraso, ia acontecer, o Moraes levou a maior bronca do público, que já estava do lado de fora do clube, tipo:

— Moraes Moreira, isto são horas?

O público voltou para a quadra de futebol ao ar livre e ainda tivemos que montar os equipamentos com eles olhando pra gente de cara feia... O equipamento de palco era constituído por duas pequenas caixas Sony de vitrola. Todo o som saía por ali...

Realmente não consigo me lembrar se o show foi bom. Acho que não! Acabamos de tocar por volta de duas da manhã e, depois de guardar os instrumentos, quase desmaiando de fome, fomos à procura de um lugar aberto. Só achamos um posto de gasolina na estrada e, quando entramos e perguntamos o que tinha para comer, o rapaz falou, com seu sotaque baiano:

— Só temos bode com farofa.

Eu comi farofa. Fomos dormir numa fazenda dos produtores. No dia seguinte, fizemos o segundo show na cidade de Juazeiro. Na hora de receber os cinquenta por cento restantes do valor combinado pelos dois shows, o produtor falou:

— Ué... Vocês cantam "beleza pura, dinheiro não" e ainda querem receber? Não tem, não.

Na volta, depois desse segundo show, tinha o tal aviãozinho pra levar a gente pra Salvador. Achei melhor voltar com Armandinho e Mú de carro. Chegamos a Salvador amanhecendo, mas seguros.

Mas o sucesso começou a ficar forte. Nas turnês, era difícil circular pelos hotéis onde ficávamos hospedados, sempre lotados de fãs, muitas vezes cantando as nossas músicas e chamando nossa atenção para irmos até a janela. Em Porto Alegre, para chegar ao local do show, precisávamos de batedores da polícia. O Ary comentava:

— Ainda bem que a polícia está na nossa frente, não atrás da gente.

O nosso empresário era o Dinho, um baiano super batalhador, muito louco e agitado, mas que foi importante para a Cor naquela fase. Ele produziu um concerto gratuito ao ar livre no Parque do Ibirapuera, em São Paulo. A banda ainda estava começando a ficar conhecida. Na tarde do show, quando chegamos para tocar, não entendemos nada! Tinha mais de oitenta e cinco mil pessoas! A prefeitura não esperava que tanta gente fosse aparecer, e não havia segurança suficiente. O jornal local da TV Globo pedia para ninguém mais ir até lá.

Ficamos emocionados quando vimos aquele mar de gente. A todo instante, subiam carregadas para o palco umas meninas desmaiadas. Quando acabamos o show, passamos o maior sufoco para chegar ao camarim. Fomos agarrados, rasgaram nossas roupas e puxaram nossos cabelos. O Ruy Castro estava fazendo uma matéria para a revista *Playboy* e documentou tudo, desde a nossa saída do hotel até o dia seguinte.

NA HORA DE RECEBER OS CINQUENTA POR CENTO RESTANTES DO VALOR COMBINADO PELOS DOIS SHOWS, O PRODUTOR FALOU: "UÉ... VOCÊS CANTAM 'BELEZA PURA, DINHEIRO NÃO' E AINDA QUEREM RECEBER? NÃO TEM, NÃO."

Foi quando começou a loucura: shows, viagens, aviões, ônibus, muitos quilômetros de estrada... Mas a gente curtindo muito! O Dinho fazia o borderô em guardanapos de papel, durante os jantares, depois dos shows. As contas dele iam fazendo uma curva e, no fim dos cálculos, ele falava:

— Deu *xis* pra cada um.

Numa saída de São Paulo, o Dinho foi até a recepção do hotel em que estávamos hospedados e pediu os extras de todos para acertar as contas. Quando o rapaz mostrou o valor, o Dinho, sempre nervosinho e agitadinho, falou:

— O quê? Vai tomar no cu!

O recepcionista do hotel, grande pra caramba, segurou o Dinho e falou:

— Como é que é?

Amarelando, o Dinho respondeu:

— Não... "vai tomar no cu" que eu quero dizer é o seguinte: Eu acho que tá meio caro...

Quando assisti ao filme *Quase famosos*, me lembrei muito da nossa história...

EM PORTO ALEGRE, PARA CHEGAR AO LOCAL DO SHOW, PRECISÁVAMOS DE BATEDORES DA POLÍCIA. O ARY COMENTAVA: "AINDA BEM QUE A POLÍCIA ESTÁ NA NOSSA FRENTE, NÃO ATRÁS DA GENTE."

Gravamos o "Hino de Duran" para a trilha sonora da peça *Ópera do malandro*, que estreou em 1978 no Rio de Janeiro — com produção musical do meu irmão Sérgio, no estúdio da Phonogram —, dividindo a faixa com o nosso herói, o mestre Chico Buarque de Holanda. Nessa mesma época, o Caetano nos chamou para participar com ele da trilha sonora do filme *A dama do lotação*, dirigido pelo Neville D'Almeida. Também gravamos no estúdio da Phonogram, na Barra. A música-tema, "Pecado original", de autoria do Caetano, não está em nenhum disco dele. Ouvi essa faixa muitas vezes na rádio JBFM. Uma gravação clássica! Eu me lembro de Caetano acabando de escrever a letra no estúdio... Que música! Que letra!

Gravamos ainda com Erasmo Carlos, no LP *Erasmo Carlos convida...*, a faixa "Sou uma criança, não entendo nada", na Phonogram. Uma tarde deliciosa! Erasmo Carlos é o bem e o bom!

Quando tocamos no Festival de Jazz de São Paulo, os organizadores, Walter Longo e Roberto Muylaert, fizeram uma proposta para nos empresariar. Foi quando lançamos nosso quarto disco, *Transe total*, novamente com nossos temas instrumentais e algumas faixas cantadas. Assinamos um contrato com os nossos novos empresários. *Transe total* também foi gravado no estúdio Transamérica, no Rio. O Mú compôs um chorinho para os sobrinhos Bruno (filho da Losinha) e Daniel (meu filho), registrado neste disco. Com menos de dois anos, eles foram convidados e aceitaram participar dessa gravação.

GRAVAMOS O "HINO DE DURAN" PARA A TRILHA SONORA DA PEÇA *ÓPERA DO MALANDRO*, DIVIDINDO A FAIXA COM O NOSSO HERÓI, O MESTRE CHICO BUARQUE DE HOLANDA. GRAVAMOS AINDA COM ERASMO CARLOS, NO LP *ERASMO CARLOS CONVIDA...*, A FAIXA "SOU UMA CRIANÇA, NÃO ENTENDO NADA".

Com o sucesso, os shows começaram a ficar bem mais frequentes. Muitas viagens, e Armandinho reclamando que estava pesado. Tive que parar de tocar com o Jorge Ben Jor. Foi difícil falar isso com ele. Eu sabia que ia sentir muita falta dos nossos momentos musicais. Mas Jorge ainda me chamaria para alguns shows e gravações, como "Ive Brussel", que ele canta com Caetano.

A turnê do *Transe total* pelo Brasil foi feita com produção de grande banda. Viajamos com som e luz do Gaby, até hoje considerado o melhor equipamento de som do Brasil. A nossa equipe era composta de engenheiros de som, técnicos de luz, roadies e tour manager. É... Muitos nomes em inglês, a língua das turnês. A gente nem carregava as nossas malas! Saíamos do avião direto para o hotel. Fãs nos aeroportos, nos hotéis, shows em campos de futebol otados... A gente só se preocupava em tocar.

Um dia, o Paulo Rosa, que era o advogado da WEA, apareceu na porta da casa do Armandinho, no Rio, trazendo nas mãos o contrato pra gente renovar, pois estávamos recebendo propostas de outras gravadoras. A gente nem leu: assinamos no meio da Marquês de São Vicente, pois estávamos de saída e com pressa... Eu acho que a gente era, como na história de "Os três porquinhos", aquele que construiu a casa de palha.

QUANDO TOCAMOS NO FESTIVAL DE JAZZ DE SÃO PAULO, OS ORGANIZADORES, WALTER LONGO E ROBERTO MUYLAERT, FIZERAM UMA PROPOSTA PARA NOS EMPRESARIAR. FOI QUANDO LANÇAMOS NOSSO QUARTO DISCO, *TRANSE TOTAL*, NOVAMENTE COM NOSSOS TEMAS INSTRUMENTAIS E ALGUMAS FAIXAS CANTADAS.

O Walter Longo e o Roberto Muylaert nos levaram para fazer um show em Nova York, no Battery Park. Viajamos uma semana antes, para fazer a divulgação. Fomos recebidos pelo pessoal da Warner com tratamento VIP: tinha duas limusines à nossa disposição, e eles acompanhavam todo o nosso trabalho. Demos entrevistas nos escritórios da Warner, e a Tracy, A&R da gravadora, falou que eles tinham interesse em lançar o nosso trabalho instrumental lá. As coisas estavam acontecendo. Nós estivemos em algumas estações de rádio. Mú e eu éramos os que falavam mais, por dorninar um pouco melhor a língua inglesa – eu já exercitava meu inglês desde as viagens com Jorge Ben Jor. Numa noite, estivemos em uma estação de rádio que ficava fora de Manhattan, no Brooklin. Era uma rádio de black music, totalmente cool. Quando chegamos lá, havia pouca iluminação e todos falavam baixinho. Fomos orientados para designar apenas um de nós para conceder a entrevista. Fui o escolhido. Entrei no pequeno estúdio da rádio e fiquei sozinho com o DJ, que além de comandar os equipamentos atuava também como locutor. Ele era um afro-americano cheio de estilo.

Olhou pra mim, enquanto chegava ao final da música que ele transmitia, um jazz suave, e disse bem baixinho:

— Hi...

— Hi..., respondi, também baixinho.

Ele estava em frente a um microfone. Eu, de pé, a uma distância de cerca de um metro, tinha um microfone pra mim. Quando a música terminou, ele, com uma voz grave, suave e baixa, começou a falar. E eu não ouvia direito o que ele dizia. Nosso diálogo foi mais ou menos o seguinte:

— Do you *shmdgggdgg*?

— What?, perguntei baixinho, não entendendo o que ele falava.

— Do you *shmdgggdgg*?, ele repetiu no mesmo tom baixo, grave e suave.

— I don't get it..., respondi, novamente, baixinho.

— Do you *shmdgggdgg*?, ele perguntou pela terceira vez.

— Sorry..., respondi, angustiado.

Aí, desistindo da entrevista, ele falou um pouco mais alto, e eu finalmente entendi:

— Let's play the music!

Desde que começamos a despontar na cena musical com A Cor do Som, Baby e Pepeu, que começavam carreiras individuais, surpresos com o nosso sucesso, acompanhavam nossos shows de perto. Quando fomos a Nova York para esse show no Battery Park, eles apareceram por lá e ficaram no mesmo hotel em que estávamos hospedados. No dia do show, ao descermos, não vimos as limusines que estavam à nossa disposição. Já atrasados, perguntamos na recepção do hotel o que tinha acontecido, e ficamos sabendo que o nosso empresário e sua esposa estavam a caminho, dentro de uma das limos, e que Baby e Pepeu – que já tinham assinado com a WEA no Brasil – também tinham seguido para o local do nosso concerto dentro da outra... Resultado: nós – A Cor do Som –, os artistas do show, tivemos que passar o maior sufoco para achar dois táxis em Nova York, em plena hora do rush... A gente sempre riu muito dessa história

Voltamos para o Brasil. Leilinha estava no fim da segunda gravidez. No dia 20 de março de 1981 nasceu nosso segundo bebê. André chegou com sorte: tínhamos grana, e o parto foi cheio de mordomia. Novamente, eu estava junto da Leilinha na hora do parto. Mais choros de felicidade.

A Cor do Som era a grande banda do início dos anos oitenta no Brasil. Enquanto nosso trabalho era exclusivamente instrumental, recebíamos só elogios da crítica. Quando começamos a cantar, as críticas já não eram mais favoráveis, não gostavam da gente cantando – nunca fomos cantores mesmo. A geração do rock nacional da década de oitenta começava a vir com tudo. Falando em BRock, toda a rapaziada – Herbert, Frejat, Charles Gavin, Bi, Dé, Guto... – sempre me diz ser fã do A Cor do Som. Eles estavam presentes nos shows que fazíamos. Sempre fomos muito melhores no palco do que nos discos. O que gostávamos mesmo era de improvisar nos palcos, e os músicos que viram nossos shows sabem disso.

A nossa ligação com os novos empresários, Walter Longo e Roberto Muylaert, acabou não sendo como esperávamos. Eles tinham grandes planos, mas o Armandinho começava a se sentir estressado e não concordava com algumas decisões. Foi quando mudamos novamente de empresário. Começamos a trabalhar com um amigo de Curitiba, o Hélio Pimentel. Alugamos uma grande casa na avenida Niemeyer, onde fizemos nosso escritório e estúdio de ensaio.

ENQUANTO NOSSO TRABALHO ERA EXCLUSIVAMENTE INSTRUMENTAL, RECEBÍAMOS SÓ ELOGIOS DA CRÍTICA. QUANDO COMEÇAMOS A CANTAR, AS CRÍTICAS JÁ NÃO ERAM MAIS FAVORÁVEIS, NÃO GOSTAVAM DA GENTE CANTANDO – NUNCA FOMOS CANTORES MESMO.

Partimos para a gravação do nosso quinto disco, *Mudança de estação*, mais uma vez no Transamérica, com produção de Vitor Farias e Guti, e com o designer Daeco – que criou a logomarca da banda – fazendo nossa capa. As fotos... Bom, eram os anos oitenta! A gente não se ligava nesse tipo de registro.

O título do disco profetizava o que iria acontecer. Armandinho se sentia estafado por ter que acumular os trabalhos da Cor e do Trio Elétrico. A WEA, sem a gente saber, o chamou para uma reunião e disse que ele tinha que se decidir entre a Cor e o Trio Elétrico. Lógico que ele ficou com o Trio Elétrico. Foi um choque pra gente!

Eu sentia que nós começávamos a perder a força, pois as letras que cantávamos não me convenciam poeticamente – eram muito doces – e começavam a aparecer poetas como Cazuza e Arnaldo Antunes. O Guti deu a ideia de chamarmos o Victor Biglione, um guitarrista de jazz com uma pegada rock, que toca pra caramba. Ele topou, mas disse que queria cantar e também fazer parte da banda. A gente falou que tudo bem. Quando renovamos o contrato, ele assinou junto, como o quinto integrante do grupo. No começo, foi tudo lindo. O Vitinho gravou dois discos com a gente: *Magia tropical* e *Quatro fases do amor*. Mas logo depois, por algumas divergências, saiu. O BRock começava a passar por cima da gente com tudo, nós com famílias pra sustentar, e nossos fãs desaparecendo.

As coisas mudam rápido. Sei lá, mas acho que abrimos caminho para essa galera, ajudando a melhorar as condições de palco e a formar público. Quando começamos, tocamos em lugares que tinham um som muito ruim, isso foi melhorando com o tempo. Novos espaços para shows também foram abertos. A diferença é que o pessoal do BRock já pegou a era do CD, quando se vendia muito mais.

ARMANDINHO SE SENTIA ESTAFADO POR TER QUE ACUMULAR OS TRABALHOS DA COR E DO TRIO ELÉTRICO. A WEA, SEM A GENTE SABER, O CHAMOU PARA UMA REUNIÃO E DISSE QUE ELE TINHA QUE SE DECIDIR ENTRE A COR E O TRIO ELÉTRICO. LÓGICO QUE ELE FICOU COM O TRIO ELÉTRICO. FOI UM CHOQUE PRA GENTE!

Gravamos um grande disco exclusivamente instrumental, intitulado *Intuição*, que teve a participação do mestre Egberto Gismonti em três faixas, sendo uma delas "Loro", uma das músicas dele de que mais gosto. Ainda tentamos prosseguir a carreira artística com mais um disco, *O som da cor*, com o grande Perinho Santana na guitarra, mas nos shows que fazíamos já não tinha tanto público.

Tentamos uma nova formação com o Jorginho Gomes e o Didi Gomes, irmãos do Pepeu, que tinham saído da banda dele, e eu fui pra guitarra. Lançamos um disco pela RCA, *Gosto do prazer*. A gravação foi no estúdio da Companhia dos Técnicos, em Copacabana. As sessões prosseguiam até bem tarde da noite.

Nessa mesma época, Caetano me convidou pra participar do filme que ele estava dirigindo, *O cinema falado*. Ele me deu um texto maravilhoso para decorar:

> *Meu Mestre não é Mestre de Música. É Mestre de Mestrias. Ele me explicou por que, no momento crucial de sua formação, os Beatles lhe pareceram mais importantes do que Bob Dylan, embora a superioridade intelectual de Dylan fosse evidente. Dylan falava de Blake, Lorca, Gertrude Stein, Beethoven, Picasso...*

E não falava ingenuamente. E suas canções nos faziam pensar em todos eles. Mas os Beatles, filhos do vigor da banalidade, foram empurrados para o rigor da clareza. E fizeram meu Mestre pensar em Joyce, e portanto em John Cage, e portanto em Weber, e Ezra Pound. Dylan desvia o nosso pensamento de Ezra Pound. Os Beatles, pelo caminho das massas, e não das elites, nos reorientam no sentido de estudá-lo. A língua inglesa é um assunto muito importante pra quem quer dominar a música. Pois ela é a língua da dominação. Eu quero dominar a música. Meu Mestre quer dominar o domínio. Eu vou ensinar música a ele.

O BROCK COMEÇAVA A PASSAR POR CIMA DA GENTE COM TUDO, NÓS COM FAMÍLIAS PRA SUSTENTAR, E NOSSOS FÃS DESAPARECENDO.
AS COISAS MUDAM RÁPIDO.
SEI LÁ, ACHO QUE ABRIMOS CAMINHO PARA ESSA GALERA, AJUDANDO A MELHORAR AS CONDIÇÕES DE PALCO E A FORMAR PÚBLICO.

No dia da filmagem, eu só tinha dormido duas horas. Gravei com A Cor do Som até cinco da manhã e tinha que estar às nove em Botafogo, para ser dirigido por Caetano. Muita responsa! E ainda não sabia se já tinha decorado totalmente a minha fala. Era a minha estreia em interpretação de texto... Eu, segurando uma guitarra, falando sobre meus ídolos, tendo a clara visão do meu Mestre de Mestrias, Caetano Veloso.

Eu quis muito colocar esse texto aqui no livro. Quando pedi pra Losinha assistir ao DVD para transcrevê-lo, achava que ela já tinha visto o filme, pois minha irmã acompanha o trabalho do Caetano desde o início, com muita admiração. Fiquei muito feliz com o e-mail que recebi dela e com a emoção dos comentários que fez comigo ao vivo, dias depois. Senti que ela realmente tinha entendido o filme.

Voltando a falar do A Cor do Som, fizemos alguns shows com essa nova formação até que chegamos à conclusão de que era melhor dar um tempo. Cada um de nós foi batalhar outros caminhos. Nos anos noventa, voltamos a nos reunir para uma apresentação no Circo Voador. O show foi gravado ao vivo e lançado no CD *A Cor do Som ao vivo no Circo*, contemplado com o Prêmio Sharp de Música, na categoria Melhor Grupo Instrumental.

Mais tarde, em 2005, recebemos uma proposta para gravar um DVD. Desde que lançamos na web o site do A Cor do Som, muita gente fazia contato pedindo que voltássemos a tocar juntos. O mural do site é diariamente visitado por uma galera encantadora e comunicativa, que não poupa elogios carinhosos ao nosso trabalho. Tudo acertado, nós começamos a ensaiar no Estúdio Verde, no Cosme Velho. Foram dezessete dias de ensaio.

O show seria todo acústico. Chamamos uns craques para reforçar o time: Jorge Helder (baixo acústico, violão e baixolão), Jorginho Gomes (bateria, violão e percussão), Marcos Nimrichter (piano acústico e Hammond). Nosso maestro Nivaldo Ornelas escreveu os arranjos de cordas, com o bom gosto de sempre. Escolhidas as músicas, partimos para os arranjos. Todos ajudaram bastante. Rimos muito com o Jorge Helder. A imitação que ele fazia do Armandinho, em outro mundo, mexendo em um pedal de guitarra, com um som agudo e estridente, enquanto todos nós estávamos preocupados com uma parte de uma música que não conseguíamos resolver, era hilariante.

Fizemos arranjos diferentes e, um dia antes do espetáculo, que seria no Canecão, ainda não tínhamos passado o show inteiro. Era muita coisa pra memorizar... Convidamos alguns amigos para participações especiais, mas só ensaiamos com três deles: Moraes Moreira, Davi Moraes e Nicolas Krassik. Daniela Mercury e Caetano Veloso não puderam ensaiar, e ia ser meio de improviso.

CADA UM DE NÓS FOI BATALHAR OUTROS CAMINHOS. NOS ANOS NOVENTA, VOLTAMOS A NOS REUNIR PARA UMA APRESENTAÇÃO NO CIRCO VOADOR. O CD DO SHOW GRAVADO AO VIVO FOI CONTEMPLADO COM O PRÊMIO SHARP DE MÚSICA, NA CATEGORIA MELHOR GRUPO INSTRUMENTAL.

Chegou o dia do show e combinamos de chegar todos às quatro horas no Canecão para passar o som. Tivemos que esperar a montagem do cenário, que estava atrasada e não havia sido escolhido por nós. Durante os dias de ensaio no Estúdio Verde, a nossa preocupação era só com as músicas. No dia do show, eram 67 canais para equalizar, doze músicos no palco para equilibrar os fones de ouvido que íamos usar como retorno e ainda os canais dos convidados especiais. Às sete da noite ainda não tínhamos passado o som. Estava tudo atrasado. A casa tinha que abrir às oito para o público. O Rodrigo, engenheiro de monitor, falou brincando pra mim:

— Eu pago o dobro do que estou ganhando pra ir embora agora!

Ele estava com a maior responsa, e o tempo era muito curto. Parecia que não ia ser possível. O show só aconteceu graças à precisão e ao profissionalismo de Marcio Barros e Daniel Carvalho, meu filho, em solucionar os problemas de som – e outros mais. Eles não tinham nada a ver com o cenário. Só passamos o som com Moraes e com Daniela, que tinha acabado de chegar da Bahia. Tivemos que abrir a casa, pois a pressão era grande. Não ensaiamos nenhuma música nossa.

Era uma quarta-feira e, como estávamos sem tocar juntos há tanto tempo, nós não sabíamos se ia ter um bom público. Mas a casa estava lotada. Velhos fãs. Novos fãs. Fãs vindos do Sul, do Nordeste e de São Paulo só para ver e ouvir A Cor do Som.

Magicamente, deu tudo certo. Davi, Nicolas, Moraes, Daniela... Participações muito especiais. Nivaldo, nosso maestro, seus arranjos e seu sax... O quarteto de cordas, o cello de Márcio Mallard, presente em vários discos nossos. Caetano, super ocupado, ensaiando seu show com Milton Nascimento, chegou e sentou à mesa que ficava bem em frente ao palco. Nós o chamamos para subir, sem ensaio algum. Apenas combinamos que a música seria "Menino Deus", de autoria dele, do disco *Magia tropical*. Quando fiz um acorde de ré maior, Caetano começou a cantar, com sua afinação luminosa...

Encerramos o show com uma música do Ary Dias e do Carlinhos Brown chamada "Tocar". Tudo a ver! Nesta música, os Canarinhos de Petrópolis cantaram com a gente. Super afinados. Eles nos emocionaram... No camarim deles, muitas balas, chocolates e guaraná. O momento mais forte desse show foi a música "Frutificar". Quando terminamos de tocar esta composição do Mú, a plateia do Canecão estava toda de pé aplaudindo a gente no maior entusiasmo. Foi inesquecível.

III.

LIFE IS WHAT HAPPENS TO YOU WHILE YOU'RE BUSY MAKING OTHER PLANS.

JOHN LENNON

Entressafra

Para mim, a criação dos meus filhos foi sempre prioridade máxima. Eu me dediquei totalmente a eles, até deixando a música em segundo plano. Nada era mais importante do que estar com eles, cuidar deles. A Leilinha sempre foi batalhadora, trabalhava muito, e eu ficava mais em casa. Nossa dedicação para nossos filhos foi total. Temos orgulho disso.

No fim dos anos oitenta, levei uma vida de dona de casa. Um dia, de brincadeira, nós perguntamos aos meninos:

— Se a gente se separar, vocês vão ficar tristes?

Eles responderam, dirigindo-se a ela:

— Não... De vez em quando você vem visitar a gente.

Na entrevista sobre o álbum *Double Fantasy* – que eu considero um clássico!, no filme *Imagine* – John Lennon disse que durante um tempo se sentiu esquecido, fora da cena musical, sem compor, sem lançar um trabalho novo. Seu filho Sean tinha nascido, e ele, naquela época, ficava mais em casa cuidando do menino. E achava isso muito bom.

Assistindo ao filme, eu me identifiquei com essas palavras do mestre John, pois sentia o mesmo em relação aos meus filhos. O que eu não poderia imaginar naquele momento era que, muitos anos depois, eu iria estar numa tarde no Rio de Janeiro, dirigindo meu carro com o filho de John, o próprio Sean Lennon, ao meu lado, indo ao Bandolim de Ouro, para ele comprar um violão de sete cordas. Foi o Arto Lindsay quem me apresentou a ele, durante um show no Rio, dizendo quem eu era e com quem eu havia gravado ao longo da minha carreira. O Sean adora Jorge Ben Jor e Novos Baianos. Combinamos, então, que no dia seguinte eu iria buscá-lo no hotel para irmos à loja no Centro do Rio, comprar o violão que ele queria... Quando passávamos pelo Aterro, conversando sobre música, eu pensei naquela entrevista de John falando do filho e, olhando para o Sean, pensei nos meus filhos...

NO FIM DOS ANOS OITENTA, LEVEI UMA VIDA DE DONA DE CASA. UM DIA, DE BRINCADEIRA, NÓS PERGUNTAMOS AOS MENINOS: "SE A GENTE SE SEPARAR, VOCÊS VÃO FICAR TRISTES?" ELES RESPONDERAM, DIRIGINDO-SE A ELA: "NÃO... DE VEZ EM QUANDO VOCÊ VEM VISITAR A GENTE."

Sem trabalho, eu ficava em casa gravando as músicas que compunha, ainda sem letra, no meu gravador de 4 canais. Pensava em gravar meu primeiro disco solo. Alguns parceiros fizeram letras pra mim. Cheguei a fazer contato com algumas gravadoras, mas não rolava. Só tinha espaço pro rock nacional. Para ganhar uma grana, o que apareceu foi fazer parte de uma banda de um programa da TV Globo, o *Globo de Ouro*, fingindo que estava tocando piano (quando o Mú não podia ir), pois era tudo playback. Era uma sensação muito ruim – eu, que pouco tempo antes era um pop star, ficava vendo aquelas bandas passarem pelo programa... E eu ali, fingindo que estava tocando, só pra ganhar uma grana. Foi quando aprendi a jogar na Loteria e, como bom carioca, no Bicho. Era o que me salvava, às vezes. O Arnaldo Brandão, meu amigo desde o tempo em que ele tocava no A Bolha, me chamou para fazer alguns shows com a banda dele, Hanoi-Hanoi, tocando guitarra.

SEM TRABALHO, EU FICAVA EM CASA GRAVANDO AS MÚSICAS QUE COMPUNHA, AINDA SEM LETRA, NO MEU GRAVADOR DE 4 CANAIS. PENSAVA EM GRAVAR MEU PRIMEIRO DISCO SOLO. ALGUNS PARCEIROS FIZERAM LETRAS PRA MIM. CHEGUEI A FAZER CONTATO COM ALGUMAS GRAVADORAS, MAS NÃO ROLAVA.

Barão Vermelho

Numa tarde, no início dos anos noventa, recebi um telefonema do Roberto Frejat, dizendo que o Dé tinha deixado o Barão Vermelho e me perguntando se eu toparia ser o baixista deles. Eu liguei pro Dé, meu amigo, e ele falou que estava tudo certo. Eu fui, então, ao estúdio Nas Nuvens, onde estava rolando a gravação do LP *Na calada da noite*, e gravei os baixos. O disco, produzido, gravado e mixado pelo Paulo Junqueiro, é muito bom. Voltei pra estrada, com uma banda, risadas, muitos shows e muitas curtições. E muito trabalho. Todos já eram meus amigos, e eu estava em casa. O Fernando Magalhães é um dos melhores guitarristas que já conheci. Peninha (percussionista) e Guto Goffi (baterista), grandes músicos. E figuraças! Frejat, um grande compositor e guitarrista, um cara super antenado, inteligente e com uma educação exemplar. Durante dois anos, fizemos a turnê do Barão.

NUMA TARDE, NO INÍCIO DOS ANOS NOVENTA, RECEBI UM TELEFONEMA DO ROBERTO FREJAT, DIZENDO QUE O DÉ TINHA DEIXADO O BARÃO VERMELHO E ME PERGUNTANDO SE EU TOPARIA SER O BAIXISTA DELES. EU LIGUEI PRO DÉ, MEU AMIGO, E ELE FALOU QUE ESTAVA TUDO CERTO.

Fernando, Peninha e eu éramos músicos da banda. Ganhávamos bem mais do que um músico costumava receber para ser quase um componente oficial, mas as decisões e os contratos eram atribuições exclusivas do Guto e do Frejat. Eles estavam certos. Era o que devíamos ter feito quando o Armandinho saiu do A Cor do Som. O Frejat e o Guto tinham uma noção profissional do trabalho, o que sempre faltou pra gente. No A Cor do Som só se sonhava. Mas, por isso, eu me sentia um pouco estranho em fazer o papel de um Barão Vermelho sem ter criado a banda. Não era a minha cara. E outro sonho antigo meu estava prestes a se realizar.

EU ME SENTIA UM POUCO ESTRANHO EM FAZER O PAPEL DE UM BARÃO VERMELHO SEM TER CRIADO A BANDA. NÃO ERA A MINHA CARA.

Caetano Veloso

Um dia, eu estava na casa do Caetano, e a Paulinha Lavigne me disse que ele ia formar uma banda para a turnê do disco *Circuladô* e queria que eu fosse o baixista. Eu sempre sonhei em tocar com o Caetano! Mas, como eu já disse antes, sou um cara indeciso. Fiquei muito dividido. Eu estava começando os ensaios com o Barão para a gravação do meu segundo LP com eles. O que fazer? Estava se aproximando o dia do começo dos ensaios com o Caetano. Ensaiando com o Barão, eu continuava sem saber o que fazer.

Um dia, antes de começar o ensaio do Caetano, eu ainda estava sem decidir e sem ter sequer falado "não" para a Paulinha, que já me considerava o baixista dele. Recebo uma ligação do Frejat na hora do almoço. Frejat me contava, rindo, que um baixista, cujo nome eu não recordo agora, tinha ligado dizendo que estava sabendo que eu ia sair da banda e se oferecendo para o meu lugar. Eu, meio gaguejando, comecei a explicar para o Frejat o que estava acontecendo. Ele foi ficando mudo do outro lado da linha. Em seguida, marcou uma reunião com o Guto, o Duda, empresário do Barão, e comigo, pra gente definir o que estava rolando. Eu me enrolei todo nas explicações, disse que não sabia o que fazer. À noite, o Guto me ligou dizendo que era melhor eu ficar com o Caetano, que eles já tinham contatado o Rodrigo pra me substituir, pois eles achavam que eu não ia mais ficar inteiro no Barão. O Guto estava certo. Ele tomou a decisão por mim.

UM DIA, EU ESTAVA NA CASA DO CAETANO, E A PAULINHA LAVIGNE ME DISSE QUE ELE IA FORMAR UMA BANDA PARA A TURNÊ DO DISCO *CIRCULADÔ* E QUERIA QUE EU FOSSE O BAIXISTA.

No dia seguinte, eu tinha o primeiro ensaio com o Caetano e não tinha me preparado, por causa das minhas dúvidas. Cheguei meio aéreo. A banda só tinha fera: Luís Brasil, Jaques Morelenbaum e Marcelo Costa. E eu, totalmente despreparado para aquele ensaio. Fiquei muito inseguro. Eu nem acertava tocar "O leãozinho"...

Os ensaios foram passando, regados por papos maravilhosos com Caetano. É muito bom ouvi-lo contar histórias. Eu fui relaxando e entrando no clima. Todos eles muito alto-astrais: Jaquinho, Luís Brasil, Marcelo, Wellington, Jorge, Vavá, Ivan... Foram dois anos de turnê pelo Brasil e pelo mundo com um show, para mim, inesquecível.

Na música "O leãozinho", sozinho com Caetano no palco, em duo voz e baixo, eu ainda fazia um solo com meu instrumento pelos caminhos harmônicos da canção. Além do prazer de tocar com ele, era maravilhoso assistir ao Caetano passando o som de voz e violão no palco antes dos shows. Caetano, com aquela simplicidade dele, às vezes até pedindo desculpas por estar demorando tanto, nos surpreendia com seu incrível conhecimento musical, nos deliciando com clássicas canções brasileiras, algumas que eu nunca tinha escutado antes. A memória dele é impressionante!

FORAM DOIS ANOS DE TURNÊ PELO BRASIL E PELO MUNDO COM UM SHOW, PARA MIM, INESQUECÍVEL.

Foi durante o começo dessa turnê que a Paulinha deu à luz Zeca, o primeiro filho dela com Caetano. Quando estávamos em Montevidéu, eu e o Jaquinho fomos uma tarde ao cassino. O Jaquinho tinha um esquema na roleta: espalhava as fichas pela mesa e ia ganhando. Eu só queria ganhar muito. Então, eu jogava todas as fichas em um mesmo número. Mas só estava perdendo... Quando o Jaquinho falou que a gente tinha que ir embora, pois já estava na hora da passagem de som, eu, com a minha última ficha, que era uma ficha de valor alto, disse pra ele:

— Agora é tudo ou nada!

E apostei no número 29. Só me lembro do crupiê falando:

— Negro *binte* e nueve!

Ganhei muito! O Jaquinho riu pra caramba... No show dessa noite, enquanto tocávamos juntos no palco, cada vez que eu olhava para o Jaquinho, deslizando com maestria o arco pelo cello, ele mexia com a boca, sem fazer som algum, imitando o uruguaio:

— Negro *binte* e nueve!

Eu ria muito!

Na excursão pela Europa, quando saímos de Montreux em direção à cidade alemã de Tübingen, o ônibus que levava a gente fez uma parada em um restaurante-posto na estrada, já dentro da Alemanha, para o motorista pedir uma informação. Ao ver o Jaquinho no telefone público em frente ao restaurante, eu decidi dar uma descida pra comprar uma Coca-Cola.

Na hora de pagar, demorei um pouco porque a fila estava meio longa. Quando saí do restaurante – só de short, sem cueca, com cinco dólares no bolso e sem meu passaporte –, não vi o nosso ônibus. Achei que eles tinham ido abastecer no posto. Também não estavam lá. Foi quando me toquei: eles tinham me esquecido lá! Parece que esquecerem de mim é uma coisa que me persegue desde criança...

Eu não sabia se ficava esperando eles voltarem pra me buscar ou se pedia uma carona. Minha intuição me disse pra pegar uma carona. Era uma estrada daquelas da Alemanha, com quatro pistas enormes. A primeira pessoa a quem me dirigi, na tentativa de conseguir uma carona, não falava inglês. A segunda, também não. Comecei a ficar preocupado. Havia por ali uns caras com umas motos. Fui na direção deles. Eles falavam inglês. Quando contei a minha história, que era um músico brasileiro que ia tocar naquela noite e que o meu pessoal tinha me esquecido na estrada, eles riram muito. Depois, me falaram pra ficar de olho num carro que tivesse a placa começando com as letras T e U, de Tübingen, pois aquela estrada ia pra várias cidades na Alemanha.

Depois de um tempo, sempre olhando para o outro lado da estrada, na esperança de ver o nosso ônibus voltar para me buscar, vi uma pequena van com a placa que começava com T e U, com um casal dentro. Fui até a van e contei a minha história novamente, para a mulher que estava ao volante. Ela riu, disse que estava indo na direção de Tübingen e concordou em me dar uma carona. Só iam tomar um sorvete – era verão na Europa e estava quente nesse dia. Eles compraram os sorvetes e foram para o meio do grande gramado. Fiquei de longe, sem tirar meus olhos deles. Depois de meia hora, o casal voltou e a mulher me chamou. Entrei no carro, sentei no banco de trás, já me sentindo bem mais tranquilo, pois estava ficando tarde e o show era naquela noite.

NA EXCURSÃO PELA EUROPA, QUANDO SAÍMOS DE MONTREUX EM DIREÇÃO À CIDADE ALEMÃ DE TÜBINGEN, O ÔNIBUS QUE LEVAVA A GENTE FEZ UMA PARADA EM UM RESTAURANTE-POSTO NA ESTRADA. QUANDO SAÍ DO RESTAURANTE NÃO VI O NOSSO ÔNIBUS: ELES TINHAM ME ESQUECIDO LÁ.

Nunca faltei a nenhum show. Tenho um senso muito grande de responsa. No caminho, conversando com aquela alemã muito simpática, com preocupações sociais bem características da juventude local, que eu viria a notar durante minha passagem pelo país, ela me perguntava sobre a situação das favelas no Brasil. Falamos um pouco sobre isso. Ela me disse que o rapaz ao seu lado era um refugiado da Guerra da Bósnia. Quando olhei mais atentamente para ele, pude ver de perto a tristeza da guerra estampada em seu olhar.

Durante todo o percurso, eu olhava para o outro lado da estrada, para ver se o nosso ônibus voltava. A motorista me perguntou em que hotel da cidade eu iria ficar, e eu disse que achava que era o Sheraton. Ela, então, me falou que aquela era uma cidade pequena e que não tinha Hotel Sheraton lá. A dona da van morava nas montanhas e, depois de mais de uma hora, quando nos aproximávamos da cidade, pudemos ver um cartaz do show do Caetano afixado em um poste. Eu apontei para o cartaz e disse que era com aquele artista que eu ia tocar naquela noite. O sérvio, ao ver a data registrada no cartaz, se deu conta de que aquele era o dia de seu aniversário. E sorriu...

A mulher me deixou numa determinada rua e me disse que era fácil eu me situar, pois os shows do festival aconteciam na praça da cidade. Era uma linda cidade universitária, que tinha muitos estudantes brasileiros. Quando comecei a caminhar, parei para perguntar para uma menina onde ficava a praça. Ela disse em português:

— Você não é o Dadi?

Era uma estudante brasileira e me explicou o caminho. Chegando à praça, vi um segurança perto do palco, contei minha história, ele também riu e me levou para o camarim/escritório/restaurante do festival. Lá, encontrei o Marcelo Costa e a Virgínia Casé, já de banho tomado, que me perguntou:

— Você já pegou o tiquete para almoçar?

Aí, eu falei:

— Marcelo, vocês me esqueceram na estrada... Estou chegando agora.

Ele não acreditou, disse que até conversaram comigo no ônibus, que ele contou uma piada pra mim e, como eu não dizia nada, alguém falou:

— O Dadi está dormindo.

E contou ainda que, quando chegaram à porta do hotel, minha mala ficou na rua, e que o Wellington a carregou, e a Débora Cohen, nossa road manager, falou:

— O Dadi já foi tomar sorvete e largou a mala aqui!

Durante a turnê de *Circuladô*, o Vinicius Cantuária, meu grande amigo desde os anos setenta, me chamou para tocar baixo e violão num projeto que ele e o Ritchie estavam fazendo. Vinicius é meu companheiro de todos estes anos, junto com outros grandes amigos, de momentos muito especiais: o nosso futebol toda segunda e quarta no Caxinguelê, um pequeno clube no bairro do Horto, na Zona Sul do Rio, com um campo de terra onde jogamos há mais de vinte anos. Eu sempre passava de carro pra pegá-lo pro futebol – ele chegou a ter uma aula de direção na autoescola Fon-Fon, mas desistiu na segunda esquina, achou que não levava jeito praquilo.

Vinicius e Ritchie estavam compondo juntos lindas canções. Vinicius, além de um grande compositor e baterista, é um super violonista, harmoniza as músicas com uma característica muito própria. Ritchie tem uma noção inglesa de fazer os vocais, tá no sangue. Antes de fazer todo aquele sucesso, Ritchie fez os backing vocals da música do Caetano "Menino Deus", que eu gravei com A Cor do Som. O Vinicius chamou também o Claudio Zoli para a guitarra, e ainda o Billy Forghieri e o Mú para os teclados. A banda se chamava Tigres de Bengala. Gravamos um CD em 1993, que tem músicas lindas, mas não aconteceu.

IV.

SONHA PARA O SONO VIR.

ARNALDO ANTUNES

Marisa Monte

No dia do aniversário do Zeca, filho da Paulinha e do Caetano, dei uma carona para o Arto Lindsay até o estúdio Nas Nuvens, onde ele produzia o disco *Verde, anil, amarelo, cor-de-rosa e carvão*, da Marisa Monte. Arto me chamou pra subir e conhecer a Marisa. Eu disse que ficava sem graça, pois eles estavam trabalhando. Ele insistiu e acabei subindo. A Marisa estava no estúdio, e o Nando Reis gravava uma craviola na música deles "O céu". Ela foi muito simpática comigo e, empolgada – senti que isso era uma característica dela em relação ao trabalho –, começou a cantar, me mostrando os vocais que estava pensando em fazer na música. O Nando, que eu já conhecia, que sempre me falava de como adorava os Novos Baianos, também sempre no maior astral. Fiquei um pouco lá e fui embora.

Tempos depois, eu estava almoçando quando recebi um telefonema da produtora da Marisa me dizendo que ela iria me ligar em seguida. A Marisa ligou e me convidou para ser o baixista dela. Quem deu a ideia de me chamar pra banda foi o Nando Reis. Marisa me disse que o primeiro trabalho que faríamos seria uma turnê de dois meses pela Europa e pelos Estados Unidos. O Nando tocaria violão, pois os Titãs estavam de férias. Ela só tinha definido, além de mim e do Nando, o Waldonys, no acordeom, e a Mônica Millet – que é baiana e neta de Mãe Menininha do Gantois – para a percussão. Marisa ainda queria um baterista, mais um violinista/guitarrista que também tocasse bandolim e um outro percussionista. Ela tinha pensado no Pepeu ou no Armandinho, mas acabou não conseguindo nenhum dos dois. Eu sugeri o Luís Brasil, um músico completo, que havia participado comigo da turnê do Caetano, o baiano Cesinha, um dos maiores bateristas que eu conheço, e o Marquinhos Lobo para ser o outro percussa. Ela gostou das sugestões, e a banda foi formada assim.

Os ensaios para essa turnê começaram no apartamento dela, na Urca, com Nando, que além de baixista é um grande violonista, Luís Brasil e eu. A Marisa tinha mais de trinta canções escolhidas para selecionar cerca de vinte e duas para o show. Tiramos todas as músicas, os tons, e fizemos as cifras durante esses ensaios caseiros. Fomos para o Estúdio Verde para os ensaios com toda a banda. Foi quando conheci a maravilhosa figura de um músico virtuose, então com vinte e dois anos: o Waldonys. Ele, um cara muito engraçado, me impressionou muito com a sua musicalidade.

EU ESTAVA ALMOÇANDO QUANDO RECEBI UM TELEFONEMA DA PRODUTORA DA MARISA ME DIZENDO QUE ELA IRIA ME LIGAR EM SEGUIDA. A MARISA LIGOU E ME CONVIDOU PARA SER O BAIXISTA DELA. QUEM DEU A IDEIA DE ME CHAMAR PRA BANDA FOI O NANDO REIS.

Faltando uma semana para a viagem, recebi um telefonema do Leo, empresário da Marisa, perguntando se eu não conhecia um violonista, pois o Nando não iria mais para a excursão. O Cesinha sugeriu o Fernando

Caneca, outro grande guitarrista/violonista, que veio e, com a ajuda do Nando, pegou as músicas. Três dias antes dos ensaios terminarem, Marisa me ligou e disse que o Luís Brasil, que estava com um problema na vista, também não poderia viajar. Ela me perguntou pelo Davi Moraes, que ela sabia que tocava bandolim e que eu conhecia bem – eu o vi nascer e o carreguei no colo quando ele era ainda um bebê. Liguei para o Davi, ele ficou amarradão na hora. O Davi é um músico de uma habilidade e uma precisão impressionantes. A escola dele foi o violão do pai e o bandolim do Armandinho, que ele ouvia em casa quase todos os dias, e tudo o mais que escutava, sempre com todo seu interesse em música. O Pepeu foi outra grande influência para o Davi. Ele pegou o show todo em dois dias.

Viajamos para a Europa, para o primeiro show na Alemanha. Foi ótimo, deu tudo certo. Tínhamos até um time de futebol, o Carvão F.C. A equipe técnica também era formada só por amigos, Guilherme Calixto e Antoine Midani. O Davi é um cara que me faz rir muito. Com duas palavras, a gente não consegue falar mais nada, de tanto rir. O Waldonys também. Todos muito amigos e com alto-astral, sem clima ruim algum, só gentileza. É muito bom quando se consegue reunir uma equipe assim, ainda mais quando é para ficar dois meses juntos. A excursão na Europa é feita com dois ônibus. São ônibus com motoristas alemães, de dois andares, preparados para turnê de bandas, com camas, sala com vídeo e som, mesas na parte de baixo, quase como um hotel andante pelas maravilhosas estradas europeias. Continuei fazendo com a Marisa as minhas viagens internacionais, que fazia desde a época do Jorge, da Cor e do Caetano.

Na primeira semana, ainda na Alemanha (de novo!), quando paramos o ônibus na porta de uma loja de música pra comprar algumas coisas, o pessoal foi dar um pequeno passeio. Combinamos que todos deveriam estar ali de volta dentro de meia hora. Quando já estávamos todos reunidos, depois de quarenta minutos, a Mônica Millet não aparecia. Começamos a ficar preocupados. Depois de uma hora e meia, todos espalhados procurando a Mônica, o Leo já pensando em ligar para a polícia pra comunicar o sumiço de uma brasileira. Eu entrei no ônibus, subi ao segundo andar e vi o cobertor na cama dela encobrindo um volume. Mexi no volume e descobri que era a Mônica. Ela estava lá o tempo todo, dormindo! Foi um alívio geral e seguimos viagem. Fomos pra Londres e depois seguimos para os Estados Unidos, onde nos apresentamos durante um mês. Em seguida, voltamos para o Brasil e começamos os shows pelo país. Essa turnê resultou no CD e DVD *Barulhinho bom*.

Quando a primeira turnê da Marisa deu uma parada, o Gilberto Gil me convidou para fazer um show com ele em São Paulo, no Vale do Anhangabaú, ao ar livre. Eu só tinha tocado uma vez com o Gil, na casa dele, ele em um violão e eu em outro, só de onda. O Gil é um músico e compositor maravilhoso, com seus caminhos próprios, que, incansável, vai descobrindo no instrumento. Tem aquela empolgação da magia da música que toma conta dele quando está com um instrumento nas mãos. Mais um mestre no meu currículo.

Foram marcados dois ensaios no Estúdio Verde, sempre às dez da manhã. No primeiro dia de ensaio, eu cheguei às dez e quinze e encontrei o Gil de guitarra em punho, já dedilhando o instrumento. Ele olhou pra mim com seu sorriso carinhoso e disse:

— Dadinho...

Eu fiquei sem graça de chegar atrasado, depois do Gil, que já estava prontinho para ensaiar. No dia seguinte, acordei super cedo para chegar ao segundo ensaio antes do Gil. Às nove horas eu já estava lá – o ensaio estava marcado para as dez. Quando entrei no estúdio, vi a mesma cena do dia anterior: o Gil com a guitarra em punho, dedilhando... Ele olhou pra mim com o mesmo sorriso carinhoso e disse:

— Dadinho...

No show, rolou "Palco", música dele que eu gravei no A Cor do Som. É muito bom tocar com o Gil, a música flui lindamente. Tenho saudades de tocar mais com ele.

QUANDO A PRIMEIRA TURNÊ DA MARISA DEU UMA PARADA, O GILBERTO GIL ME CONVIDOU PARA FAZER UM SHOW COM ELE EM SÃO PAULO. O GIL É UM MÚSICO E COMPOSITOR MARAVILHOSO, COM SEUS CAMINHOS PRÓPRIOS, QUE, INCANSÁVEL, VAI DESCOBRINDO NO INSTRUMENTO. É MUITO BOM TOCAR COM O GIL, A MÚSICA FLUI LINDAMENTE. TENHO SAUDADES DE TOCAR MAIS COM ELE.

Mais recentemente, toquei no Carnegie Hall com a Marisa, do jeito que a gente toca na casa dela, só nós dois nos violões.

Foi em janeiro de 2008. O Leonardo Netto, empresário da Marisa, me ligou perguntando se eu teria um lugar pra ficar por uma semana em Nova York em fevereiro. Apesar do Leo não ter dito o que seria, eu já saquei que algum trabalho com a Marisa iria rolar, mas que não tinha hospedagem. Minha resposta imediata foi:

— Lógico, tenho sim!, mesmo não tendo nada em vista, a não ser o Central Park.

Marisa iria cantar cinco canções no show beneficente que todos os anos o grande maestro Philip Glass faz no Carnegie Hall, para arrecadar fundos para os monges tibetanos. E Marisa queria que eu fosse o músico que iria com ela, maravilha!

Eu estava com dois passaportes, pois meu visto americano estava no passaporte antigo, vencido, mas com o visto americano valendo. Olhei o passaporte novo rapidamente e vi que ainda estava válido.

Alguns dias em janeiro ensaiei com minha vizinha e amiga Marisa as cinco músicas que ela pensava em cantar. Escrevi as cifras para levar para o ensaio em Nova York com o maestro Philip Glass.

Tudo certo, a viagem estava marcada para um sábado de fevereiro. Arrumei minha mala com casacos, pois estava muito frio lá. Chegou o dia da viagem, tudo relax como sempre, mala feita. Eu e Marisa pegamos um táxi para encontrar o Leonardo Netto no Galeão.

Chegando lá para fazer o check in, passamos primeiro pela funcionária da companhia aérea, que verifica os passaportes e faz algumas perguntas aos passageiros antes do check-in. Leo e Marisa passaram e seguiram para o balcão. Quando chegou a minha vez, ela olhou os meus passaportes e disse:

144

— Seu passaporte está vencido...

Eu ri e disse a ela que o passaporte que estava vencido era o que tinha o visto americano e que o atual estava ok.

Ela respondeu que não, o passaporte que estava ok tinha vencido havia dois dias. Foi uma ducha de água fria e me deixou sem reação por alguns minutos. Eu não sabia o que fazer. Ainda achava que iria conseguir embarcar, conseguir alguma autorização especial, sei lá. O Leo me perguntou o que estava acontecendo, e eu disse para ele ficar tranquilo que eu iria resolver.

Bom, eles embarcaram e eu, lógico, fiquei. Totalmente aéreo, com uma sensação muito estranha. Voltei pra casa pra tentar achar uma solução. Liguei para um despachante que me deu algumas instruções do tipo marcar logo uma data para tirar um novo passaporte, mesmo que fosse para dois meses depois. Ele me disse para separar a documentação necessária e chegar às seis da manhã na Polícia Federal do aeroporto do Galeão, setor de passaportes, explicar minha situação e tentar resolver.

Fui ao Leblon tomar um suco com a Leilinha. Ela me perguntava algumas coisas e eu nem conseguia responder, estava meio fora do ar. Tudo muito estranho, era para eu estar voando para Nova York, e eu estava no Bibi Sucos no Leblon às dez da noite. O meu domingo foi igual ao sábado à noite, totalmente aéreo – talvez voando pra NY na minha imaginação.

Na segunda-feira, para tentar ser o primeiro da fila, cheguei no Galeão às seis da manhã, uma coisa difícil pra quem dorme muito tarde como eu, e já tinha dez pessoas na minha frente, todos com algum pro-

145

blema para resolver. O meu era tentar tirar um passaporte para aquele mesmo dia!

Logo apareceu um agente da Polícia Federal e disse para que todos escrevessem numa folha de papel, tipo uma carta, em poucas palavras, qual era o seu problema, pois a chefe daquele setor de passaporte iria chegar e teríamos que ser objetivos na explicação.

Eu acabei escrevendo uma carta enorme, dizendo que era músico da Marisa e teria que tocar num evento super importante em Nova York e que ela precisava de mim, que eu estava com as cifras das músicas, que eu era o único músico que iria tocar com ela, que nunca havia faltado a nenhum compromisso, que reconhecia minha falha de não ter olhado direito o meu passaporte etc. etc.

A chefe do setor de passaporte chegou. Uma linda menina de vinte e sete anos, no máximo, mas muito séria. Quando ela apareceu, tentei falar com ela, que virou a cara e não me deu a menor atenção.

As cartas nas quais as pessoas escreveram para explicar o seu pedido foram colocadas em cima de uma mesa central do setor de passaportes do Galeão. As pessoas agendadas para tirar os passaportes naquele dia começavam a chegar. Sentei numa das cadeiras em frente à mesa e fiquei de olho, ansioso, nas cartas que estavam empilhadas.

Logo a bela chefe do setor de passaporte da Polícia Federal pegou as cartas e levou pra dentro daquela sala onde só as pessoas autorizadas podiam entrar. Lá pelas nove da manhã algumas pessoas começaram a ser chamadas.

E nada de chegar a minha vez! Tentei em vão falar com a chefe, tentar sensibilizá-la do meu problema, mas ela não me dava atenção. O Leo me ligou de Nova York para saber se eu estava conseguindo resolver. Expliquei tudo o que estava rolando pra ele, mas que eu ia resolver.

Já eram quase duas da tarde, e nada acontecia para mim. Até que a chefe estava saindo pra almoçar e eu consegui chegar perto dela e falar da minha situação: tinha que estar em Nova York no dia seguinte. Em alguns minutos resumi minha vida de músico pra ela, que deixou sair um sorriso que me encheu de esperanças. Mas, ainda assim, ela me disse que para o mesmo dia seria impossível tirar o meu passaporte.

Não desisti e continuei ali, já amigo de quase todos que trabalhavam lá. Quando a chefe voltou do almoço, novamente tentei falar com ela, que me perguntou se eu já havia pago a taxa de passaporte de emergência. Eu disse que não, e ela me passou o código para pagar na casa lotérica do aeroporto.

Quando voltei, depois de pagar a taxa, lá pelas quatro e meia da tarde, fui chamado para o guichê número quatro. O agente bacana que me recebeu para olhar os documentos, quando viu que eu era músico começou um papo dizendo que havia tido aulas de guitarra com o grande guitarrista Hélio Delmiro. Eu falei que eu tinha tido uma banda, chamada A Cor do Som, ele lembrou e falou que já tinha ido a algum show nosso.

Minha preocupação agora era com o meu título de eleitor, pois, como estava em turnê com a Marisa, não havia votado no segundo turno, e isso poderia atrapalhar. O agente verificava minha documentação, e quando ele

147

pegou meu comprovante de votação só tinha o do primeiro turno. Eu falei que ele devia ser um grande guitarrista, pois tinha estudado com um dos melhores guitarristas do Brasil. Funcionou, ele passou pelo título de eleitor!

Perguntei pra ele se eu conseguiria o passaporte para aquele mesmo dia, e ele me disse que se a chefe quisesse, sim. Aquilo me fez sentir firmeza, minha batalha não ia ser em vão!

Às cinco da tarde outra agente, que já estava minha amiga e torcendo por mim, me trouxe o passaporte de emergência para verificar se os dados estavam certos e me disse que a chefe ia resolver o meu problema e eu ia receber o passaporte em seguida! Logo ela chegou com o meu passaporte. Agradeci muito.

Liguei pra Leilinha, pedindo para ela levar minha mochila, que estava com o passaporte antigo, com o visto americano. Peguei meu violão e minha mala que havia guardado no aeroporto desde sábado. Confirmei meu voo que saía às oito da noite para Nova York.

Depois de passar o dia inteiro sem comer, aluguei um quarto no hotel do aeroporto, tomei um super banho, aproveitei com grande apetite o bufê do jantar do hotel e embarquei no voo. Eu quase nunca consigo dormir em avião, mas, de tão cansado, não vi a viagem passar. Cheguei e ainda estava escuro em Nova York.

Meu super amigo Vinicius Cantuária, que mora em Nova York, havia mandado um carro me buscar. Assim que saí vi um senhor com uma placa escrita "Dadi" me esperando. Cheguei às oito da manhã no meu hotel, dormi até às onze, almocei maravilhosamente bem e pisei no estúdio marcado para o ensaio com Philip Glass na rua 34 faltando dez minutos para a uma da tarde, hora marcada para chegar.

Fiquei sentado esperando com aquela sensação de vitória. Quando Marisa e Leo chegaram no estúdio eu estava lá, com um sorriso no rosto.

O show no Carnegie Hall, pra mim, foi um dos mais lindos que já fiz com a Marisa.

Tribalistas

Marisa veio, por coincidência, morar na mesma rua em que eu moro. Tornou-se minha vizinha. Foi muito bom, a gente passou a se encontrar quase todos os dias pra tocar violão. Um luxo pra mim! Marisa, com o seu violão base e voz, e eu, com o meu violão solo. Eu adoro tocar assim, posso ficar horas, dias... Se eu pudesse, fazia só isso – ainda mais com alguém com uma voz como a da Marisa. Eu brinco com ela que vamos fazer uma turnê mundial, só por praias maravilhosas pelo mundo afora, e que eu sou toda a equipe dela – empresário, roadie, tour manager, tudo! Só em ginásios enormes e com o cachê dividido meio a meio. Um dia essa turnê acontece!

Com essa proximidade com a Marisa, participei dos outros trabalhos dela: *Memórias, crônicas e declarações de amor*, *Infinito particular* e *Universo ao meu redor*, além de ter sido coprodutor do álbum *O que você quer saber de verdade*.

Com ela participei também de outro trabalho que me deu muito prazer, o CD/DVD *Tribalistas*. Na verdade, o projeto nasceu bem antes do início das gravações, já que Marisa, César Mendes – um grande violonista baiano, grande conhecedor de harmonia e, lógico, a maior figuraça – e eu ficamos durante mais de um ano tocando aquelas canções com três violões, na casa dela, já formatando, sem ter consciência ainda, aquela onda do CD.

Quando começamos a fazer umas gravações sem compromisso no estúdio caseiro da Marisa, eu, que sempre me interessei muito em gravar como técnico, descobri novas possibilidades, novas sonoridades, começava a aprender um pouco a mexer no Pro Tools, era o engenheiro/músico e me revezava nos pianos, violões e guitarras dessas nossas experiências musicais caseiras. Fizemos umas gravações de uma música de minha autoria com letra do Arnaldo Antunes chamada "Da aurora até o luar" – que depois eu gravaria, com a participação da Marisa, no meu primeiro CD solo – e da música "Velha infância", que foi um dos maiores hits dos Tribalistas. Eu me lembro do que a Marisa me disse dias antes do início da realização do projeto, quando ela ouviu essas gravações que tínhamos feito:

— Esta é a sonoridade que eu quero para os Tribalistas.

Por intermédio da Marisa, me aproximei do Arnaldo, que, além de ser um gentleman, considero um dos maiores poetas de sua geração, junto com Cazuza. Tive a honra de ter o Arnaldo como parceiro em várias canções. E essa foi a chave que eu precisava para gravar o meu primeiro CD.

MARISA VEIO, POR COINCIDÊNCIA, MORAR NA MESMA RUA EM QUE EU MORO. TORNOU-SE MINHA VIZINHA. FOI MUITO BOM, A GENTE PASSOU A SE ENCONTRAR QUASE TODOS OS DIAS PRA TOCAR VIOLÃO. COM ESSA PROXIMIDADE COM A MARISA, PARTICIPEI DOS OUTROS TRABALHOS DELA: *MEMÓRIAS, CRÔNICAS E DECLARAÇÕES DE AMOR, INFINITO PARTICULAR* E *UNIVERSO AO MEU REDOR.*

Voltando aos Tribalistas, foi um momento muito especial. O CD foi gerado a partir das muitas parcerias do Arnaldo com a Marisa e o Carlinhos Brown. Eu conheci o Brown na Bahia, ainda nos shows do A Cor do Som. Ele sempre foi um grande admirador do Ary Dias. Segundo o Brown, Ary é dotado de uma incrível criatividade estética e musical, muito respeitado por todos os percussionistas da Bahia por ter aberto as portas para eles – pois foi o primeiro a aparecer numa capa de disco, como artista. Os três resolveram registrar uma parte dessas canções, como uma banda. As gravações aconteceriam no estúdio da casa da Marisa, e eu só tinha que atravessar a rua. A gente começava depois do almoço. Era assim: resolvida a forma e o tom da música, gravávamos os três violões – Marisa, César Mendes e eu –, em cima de uma levada de percussão do Brown, que era usada como marcação. O Arnaldo, junto com Brown, cantava para que a gente gravasse os violões. Depois começávamos a "colorir" a música.

Eu era uma espécie de coringa e me revezava no Hammond, pianos, guitarras, acordeom e violões. E tocava até baixo. Como eu sou tímido, sempre tive dificuldade para gravar com muita gente olhando. Mas era um clima tão bom, o Arnaldo sempre adorando tudo o que eu fazia, servia de gasolina para a minha inspiração. Brown, que depois entrava com suas percussões geniais, também tocou violão em uma música e baixo em três. Alê Siqueira, conhecedor de música e harmonia, foi o coprodutor – super empolgado, me dando sempre a maior força, com uma dedicação full time. Quando anoitecia, era a hora de abrirmos uma garrafa de vinho! À noite, com a música toda gravada, os três colocavam voz, cada um de uma vez.

Foi assim durante quinze dias. Tudo era registrado em vídeo pela Dora Jobim e pelo Guilherme Ramalho, diretor do DVD. Dorinha é uma pessoa com uma leveza e uma percepção perfeitas para isso. Ela espalhou as câmeras, e a gente esquecia que tudo estava sendo filmado.

***TRIBALISTAS* NASCEU BEM ANTES DO INÍCIO DAS GRAVAÇÕES, JÁ QUE MARISA, CÉSAR MENDES E EU FICAMOS DURANTE MAIS DE UM ANO TOCANDO AQUELAS CANÇÕES COM TRÊS VIOLÕES, NA CASA DELA, JÁ FORMATANDO, SEM TER CONSCIÊNCIA AINDA, AQUELA ONDA DO CD.**

Gravar o piano da música "Carnalismo" foi muita responsa! Uma bela música, com uma linda harmonia. O piano era um Yamaha com meia cauda, que a Marisa tinha acabado de comprar e que ficava na sala, acima do estúdio. O Alê microfonou o piano, e eu fiquei lá em cima, com os fones no ouvido, e todos lá embaixo, no estúdio. Só quem estava na sala comigo era a Dorinha e a sua suavidade para filmar. Eu pensei: "Que loucura! Eu aqui, sem ser pianista, gravando um piano nessa música difícil, com a neta do maestro Tom Jobim me filmando, e todos lá embaixo ouvindo, sem eu poder ver a cara deles... Não sei se vou conseguir." Tive que me concentrar muito. Com o astral maravilhoso que rolava, consegui.

Quando desci para o estúdio, todos tinham adorado... César Mendes, um dos compositores da música, tinha percebido e se deliciado com uma escala que eu comecei e deixei a última nota muda. Recebi os elogios do Cesinha com felicidade... Nelsinho Motta, que escreveu o release do CD/DVD, elogiou muito os pianos que gravei nesse trabalho. Quando eu ouvi, junto do Alê, a primeira pré-mix da música "Já sei namorar", não tive dúvidas de que aquele projeto seria um sucesso absoluto. Com os Tribalistas, tocamos na festa de entrega do Grammy Latino, em Miami, e também em Paris, onde fizemos um pocket-show só para convidados e para jornalistas de todo o mundo, em uma semana de coletivas para a imprensa internacional. Tocamos apenas cinco músicas. Deu vontade de tocar mais, é o tipo de trabalho que dá prazer. E olha que nessa época eu ainda tocava com outra pessoa de quem era fã há muito tempo.

Rita Lee

Durante a gravação de *Tribalistas*, eu também tive a honra de integrar a banda da Rita Lee. Quando a turnê da Marisa do CD *Memórias...* terminou, Roberto de Carvalho me ligou e me convidou pra fazer parte da banda deles. Era a turnê do disco *Aqui, ali, em qualquer lugar*. Outro sonho meu sendo realizado! Eu, fã dos Mutantes e apaixonado pela sempre linda Rita, tocando com ela.

Eu conhecia o Roberto há muito tempo. Já tínhamos gravado juntos uma vez, num disco solo do João Ricardo, ex-Secos e Molhados. E me impressionou muito a noção dele de harmonia. Ele é um grande músico, um grande compositor, guitarrista e pianista. Rita e Roberto formam uma dupla perfeita: ela, com inteligência e humor fino; os dois, com suas melodias que estão na nossa história.

Para melhorar, começamos pela turnê do disco *Aqui, ali, em qualquer lugar*, no qual Rita interpreta versões de músicas dos Beatles em ritmo de bossa nova. A banda era incrível: João Barone – Paralamas do Sucesso – na bateria, William Magalhães – filho do saxofonista Oberdan Magalhães, fundador da banda Black Rio – nos teclados, Ary Dias na percussão, o Roberto na guitarra e eu no baixo. Eu adorava ouvir o que a Rita falava nos shows. Tudo sempre muito certo e engraçado. Eles são muito antenados com tudo o que está rolando. Fizemos shows por todo Brasil. Eu me sinto muito à vontade tocando rock. Gosto do som alto, cresci com isso.

DURANTE A GRAVAÇÃO DE *TRIBALISTAS*, EU TAMBÉM TIVE A HONRA DE INTEGRAR A BANDA DA RITA LEE. ERA A TURNÊ DO DISCO *AQUI, ALI, EM QUALQUER LUGAR*. OUTRO SONHO MEU SENDO REALIZADO! EU, FÃ DOS MUTANTES E APAIXONADO PELA SEMPRE LINDA RITA, TOCANDO COM ELA.

Fizemos várias viagens com jatinhos fretados. Acabava o show, voltávamos pra casa. Quando fomos tocar em Portugal, a Leilinha foi comigo, e toda a família Lee/Carvalho estava presente – Beto, Antônio, João, todos acompanhados pelas respectivas namoradas.

Fomos de ônibus de Lisboa para a cidade do Porto, e no caminho paramos em Fátima. Quando eu e Leilinha já estávamos no hall do hotel, no Porto, Rita nos abraçou com um carinho que nos tocou muito e nos deu de presente uma linda medalha de Nossa Senhora de Fátima. Um carinho que guardamos para sempre.

Fizemos shows em Nova York e em Boston. Quando chegamos a Miami, tinha um alerta de furacão. A opção era ir para um abrigo ou deixar a cidade. O show foi cancelado e voltamos para o Brasil.

Gravei com Rita e Roberto os CDs *Balacobaco* e *MTV ao vivo*. Minha carreira solo começou simultaneamente a tudo isso.

Japão

Quando comecei a pensar no meu primeiro CD solo, estávamos ao final de 1999; iniciei as gravações em 2000. O Arnaldo Antunes foi a chave para que eu pudesse ter certeza das minhas músicas. Foram sete canções com Arnaldo, uma com Caetano e outra com Jorge Mautner. A Rita tinha me dado uma letra que ela escreveu para uma canção dos Beatles, e que acabou não usando no disco. O André, meu filho caçula, me ouviu tocando um samba e perguntou se podia fazer a letra. Respondi:

— É lógico!

No dia seguinte, ele veio com uma letra linda, prontinha. Fiquei muito impressionado... O título da música é "Alvo certo".

Mais se fala em cantar
Mais se escuta a música
Mais desce o que do Céu nos cresce
Mais a gente dá a mão
Mais se toca o coração
Mais sobe do chão nossa união

Faço o violão meu bastão
Meu bastão voador
Vou até onde der
Voo e vou onde ninguém chegaria a pé

Parece que sempre cresce
O sentimento da espécie
Quando você aparece
E o nosso pouso é sempre no alvo certo

Desde pequenos meus filhos se interessaram pela música. Como pai, eu ficava dividido, pois é uma vida ao mesmo tempo deliciosa, cheia de prazer, mas com dúvidas, dificuldades, muito trabalho e até mágoas. Mas acho que qualquer trabalho é a mesma coisa, talvez sem a parte prazerosa da música. O André aos dez anos fez seu primeiro show aqui em casa. Tinha setlist e camarim. A plateia foi formada pelos tios, tias, avós, primos e primas. O Daniel aos doze anos foi o produtor, técnico de som, roadie e dono do equipamento de palco. A plateia foi brindada com uma pizza feita em casa. Sempre fui o cozinheiro da casa. O show e a pizza foram um grande sucesso!

O ARNALDO ANTUNES FOI A CHAVE PARA QUE EU PUDESSE TER CERTEZA DAS MINHAS MÚSICAS. FORAM SETE CANÇÕES COM ARNALDO, UMA COM CAETANO E OUTRA COM JORGE MAUTNER. A RITA TINHA ME DADO UMA LETRA QUE ELA ESCREVEU PARA UMA CANÇÃO DOS BEATLES, E QUE ACABOU NÃO USANDO NO DISCO. O ANDRÉ, MEU FILHO CAÇULA, ME OUVIU TOCANDO UM SAMBA E PERGUNTOU SE PODIA FAZER A LETRA.

Voltando ao meu CD, foi meu filho Daniel quem me ajudou em todo esse processo. Ele foi o produtor musical no seu estúdio Monoaural, em sociedade na época com Kassin e Berna Ceppas. Como engenheiro de som ganhou os quatro Grammys da casa, todos com o Caetano. Além do Daniel, vários amigos músicos também me ajudaram, sempre dando a maior força.

Foi um processo lento, pois eu não tinha gravadora. Meu CD já estava pronto durante a gravação de *Tribalistas*. Quando mostrei pro Roberto de Carvalho umas cópias do que eu estava gravando, ele me perguntou por que eu não chamava algumas pessoas com quem havia tocado ao longo da vida para cantar comigo. Respondi que ficava sem graça... Ele me disse que ia falar com a Rita e que eu devia chamar a Marisa. Quando convidei o Caetano pra cantar comigo, a resposta dele foi rápida:

— Lógico! Se você quiser, vamos agora!

Não pude deixar de lembrar de um dos versos da sua música "Outras palavras": "Sim, dizer que sim pra Dedé, pra Dadi e Dó." Eu achei ótima a ideia do Roberto, pois esse meu primeiro CD representava um pouco da minha história de músico. Só faltou Jorge Ben Jor, que estava fora do Brasil na época. Mas um dia ainda vai rolar.

Com o meu CD todo gravado e editado pelo Daniel, ficamos esperando uma oportunidade para mixar. O Tom Capone adorava o disco e nos chamou para mixar no estúdio dele, Toca do Bandido. Daniel e eu já estávamos trabalhando havia dois anos no CD. O Tom Capone foi um dos melhores produtores que o Brasil já teve. Foi ele a primeira pessoa com quem Daniel trabalhou. Foi o grande professor do meu filho. Tom sempre me dizia:

— O moleque tá fera!

O Tomás Magno, que trabalhava com o Tom, foi quem mixou o disco. Meu CD estava sendo mixado no melhor estúdio do Rio, com os melhores equipamentos, por um grande técnico, com uma pegada rock, tudo a ver comigo. Durante a mixagem, uma coisa impensável aconteceu. Em um dos últimos dias do processo, chegando ao estúdio, à tarde, encontramos Tomás sem rumo, andando de um lado para outro. O Tarta, nosso amigo que também sempre trabalhou com Tom, veio nos contar o que tinha acontecido em Los Angeles: O Tom havia morrido num acidente de moto. Eu me lembro do Daniel sentar no chão, sem palavras. O Tom era o mestre dele. Daniel tinha aprendido tudo com ele. Ficamos em silêncio. Os mistérios da vida... Se não houvesse nada, o nada seria alguma coisa.

Passado um mês, Tomás retomou a mixagem. Meu CD ficou pronto. Tentei negociar o disco com algumas gravadoras, pois sou do tempo em que a gente precisava de uma gravadora para lançar um trabalho. Nada. O CD ficou parado. O momento começava a ficar difícil para as gravadoras. Por meio da internet, o Pierre Aderne entrou em contato com um selo no Japão, o Rip Curl, e mandou duas faixas do meu disco e duas do disco dele. O Shota Inaba, hoje meu grande amigo, A&R do selo, adorou e quis lançar meu disco. Finalmente, meu CD iria existir... no Japão! Combinamos tudo. Masterizei o disco no Ricardo Garcia. Assinei o contrato só para o Japão, mandei o CD masterizado e a capa, cujo projeto gráfico foi criado por um designer que é amigo do Daniel desde criança e que já mostrava a sua criatividade aqui em casa, ainda menino, o Emílio Rangel, do 6D Estúdio. Por ser meu primeiro CD solo, a ideia, que o Daniel ajudou a criar, era mostrar algumas fotos dos momentos da minha trajetória na música. Ficou bem legal.

O CD foi lançado em setembro de 2005 no Japão. Marisa foi super gracinha comigo quando o Shota me perguntou sobre a possibilidade de ela dizer alguma coisa sobre mim para ele usar num stick, um adesivo, na capa do disco. Ela concordou. Quando o CD foi lançado no Brasil, ela também autorizou a inclusão do stick.

Antes do meu álbum sair no Japão, o Berna vinha tendo umas reuniões com o Gustavo Ramos, presidente da Som Livre, com relação ao lançamento de alguns CDs produzidos pelo selo dele e do Kassin, o Ping Pong, e mostrou meu disco pra ele. O Gustavo não quis apenas distribuir o meu CD. Ele queria comprar os fonogramas para a Som Livre. O negócio não foi fechado nessa reunião.

Cerca de um ano depois, meu irmão Sérgio, trabalhando na BMG Publishing, também estava tendo umas reuniões com o Gustavo Ramos e voltou a falar do meu CD. O Gustavo, então, marcou uma reunião comigo. Durante a Copa de 2006, fui conversar com ele, que a essa altura já conhecia e gostava do meu disco, e sabia até cantar algumas canções. Achei que eu devia lançar o meu trabalho. A hora era aquela. Finalmente, depois que a Som Livre resolveu a parte burocrática, lancei o CD *Dadi* no mercado brasileiro em 2007.

Em maio desse ano, ainda na turnê da Marisa *Universo particular*, nós fomos para Austrália, Japão, Coreia e China. Um mês antes da nossa viagem para a Ásia e Oceania, o Shota Inaba, que já sabia que eu teria um domingo sem show da Marisa em Tóquio, me propôs fazer um snow meu nesse dia. Achei ótimo! Seria a minha primeira apresentação solo e eu ia estrear do outro lado do mundo... As negociações foram feitas através do Keizo Maeda, empresário japonês que estava levando a turnê da Marisa pro Japão.

Para a realização do show, era necessária uma autorização do Leonardo Netto, empresário dela. De posse da autorização, partimos para as negociações entre o Shota Inaba e o Keizo Maeda, para eles acertarem as porcentagens da receita. Com a confirmação do show, ainda no Rio, comecei a preparar as músicas que eu iria tocar. Em casa, a Leilinha foi a minha plateia, durante quinze dias, para as treze músicas que escolhi. Toda noite eu tocava o show inteiro pra ela, que me aplaudia calorosamente!

O CD FOI LANÇADO EM SETEMBRO DE 2005 NO JAPÃO. FINALMENTE, DEPOIS QUE A SOM LIVRE RESOLVEU A PARTE BUROCRÁTICA, LANCEI O CD *DADI* NO MERCADO BRASILEIRO EM 2007.

O show em Tóquio seria numa pequena casa chamada Praça 11. Chamei o Marcelo Costa (percussão), o Pedro Baby (violão), o Marcos Ribeiro (cello) e o Maico Lopes (flugelhorn), e ainda tive a grande honra de ter o mestre Mauro Diniz (cavaquinho). Eram os instrumentistas da banda da Marisa, ao lado do Pedrinho Mibielli, do Juliano e do Trilha. Todos eles, músicos precisos e inspirados. Tocamos – Mauro, Pedro Baby e eu – umas duas músicas minhas no camarim, não mais do que duas vezes, antes do show da Marisa. Gravei um CD em casa com as treze músicas que eu iria tocar no show, no tom e no clima que eu queria pra cada uma delas. Teria que ser assim, pois não tivemos tempo para ensaiar.

Dei um CD desses para cada um que iria tocar comigo. Era o nosso ensaio virtual. Escrevi as cifras de todas as músicas para cada um deles. Meu professor Mauro Diniz foi quem corrigiu as cifras pra mim. O repertório do show era composto pelas músicas do meu CD, uma música do Jorge Ben Jor, "Ponta de lança africano (Umbabarauma – homem gol!)"; uma do Dorival Caymmi gravada pelos Novos Baianos, "Samba da minha terra"; e duas canções que gravei com A Cor do Som, "Abri a porta" e "Menino Deus".

A gente tinha vindo da Austrália, voos super cansativos, chegando primeiramente em Nagoya. O Japão é um lugar especial! A educação daquele povo... Eu me senti muito bem lá. No sábado fizemos o show da Marisa em Nagoya. Foi lindo! No dia seguinte, pegamos o trem-bala e viajamos duas horas para Tóquio. Era a minha primeira vez no Japão. Chegamos por volta das três e vinte da tarde no hotel e levamos algum tempo para nos acomodar nos quartos. Eu estava um pouco nervoso com o meu show, pois não tínhamos feito ensaio nenhum. Eu estava com a maior fome, e quando ia pedir algo para comer, a Negumi, nossa intérprete japonesa, ligou pra mim, dizendo para estar na recepção às quatro da tarde, porque o Shota-San estaria lá nesse horário para nos levar para o show. Entrei no banho e, quando estava me enxugando, atrasado, o Mauro Diniz, prontinho, bateu à minha porta e disse:

— Vamos nessa?

Eu corri pra terminar de me aprontar e desci. Todos estavam lá: Mauro, Marcelo, Pedro Baby, Marquinhos, Maico, Antoine Midani, nosso engenheiro de som, e William, que ia nos ajudar no palco. Que equipe profissa!

EM CASA, A LEILINHA FOI A MINHA PLATEIA, DURANTE QUINZE DIAS, PARA AS TREZE MÚSICAS QUE ESCOLHI. TODA NOITE, EU TOCAVA O SHOW INTEIRO PRA ELA, QUE ME APLAUDIA CALOROSAMENTE!

O primeiro show a gente nunca esquece! Lá estava meu grande amigo japonês Shota Inaba. Fomos para o Praça 11, um lugar com capacidade para cem pessoas. Chegando lá, o Antoine nos expulsou do pequeno palco e falou pra gente ficar nas mesas enquanto ele e o William arrumavam tudo pra gente. Pegamos os instrumentos e começamos a tocar – era o nosso ensaio, duas horas antes do show... Começamos tocando a música "Da aurora até o luar". Na hora de passar para a parte B da música, eu tive que parar. Estava muito chocante! Não consegui segurar aquela lágrima. Falei pra eles:

— Gente, vou ter que controlar as minhas emoções, não posso pagar esse mico.

Passamos o som. Ficou tudo certo. A dona da casa, Claudia Asada, e sua filha, Karin, com aquela suave vibração positiva... O vento estava soprando a favor. Meu primeiro show foi maravilhoso. Todos tocaram pra caramba! Foi tudo gravado. Aquela carinhosa e receptiva plateia japonesa, toda a equipe da Marisa, o Shota-San feliz pra caramba. Que noite mágica foi aquela em Tóquio!

Depois de ficar um tempo dando autógrafos nos meus CDs, recebendo lindos elogios daquelas pessoas carinhosas, saí de carro com o Shota, levando o cello do Marquinhos e meu violão Taylor Paramos perto do hotel, e o Shota disse que íamos para um restaurante, e que o Marquinhos, o Marcelo e o Mauro já estavam lá. Eu estava tão cansado que só pensava em ir para o hotel. Falei pro Shota, que tinha me dito que estávamos perto do hotel, que iria até lá deixar o violão e o cello, pois não achava seguro deixar no carro. Ele disse que não existia esse problema no Japão. Mesmo assim, eu quis ir até o hotel. O Shota ficou preocupado, pois eu poderia me perder, já que era a minha primeira noite em Tóquio. Mesmo assim, eu insisti em ir sozinho e falei que voltaria para aquele restaurante. Ele falou: "Ok".

Claro que me perdi no quarteirão seguinte... Por uns minutos, fiquei grilado. Eu estava fraco, com fome, sem saber exatamente onde me encontrava, do outro lado do mundo. Nem sabia mais voltar para o restaurante. Mas, como sempre fui sortudo, por incrível que pareça uma daquelas cem pessoas que estavam assistindo ao meu show passou por mim. Era uma amiga do Shota e ia em direção ao restaurante onde eles estavam. *Thanks God!*

Cheguei ao restaurante e encontrei todos lá. Passamos uma noite maravilhosa, Mauro tocando e cantando, Marcelo na percussão e cantando... Felicidade total! A Karin me disse, em inglês, que aquela noite tinha sido mágica para todas as pessoas que estavam lá. Ela falou isso com lágrimas nos olhos. E eu me emocionei também... O povo japonês está guardado em um lugar especial do meu coração.

MEU PRIMEIRO SHOW FOI MARAVILHOSO. TODOS TOCARAM PRA CARAMBA! QUE NOITE MÁGICA FOI AQUELA EM TÓQUIO!

Há muitos japoneses que adoram e sabem tudo de música brasileira, sabem dos músicos, das nossas histórias. Tinha um japonês, muito fã do Mauro Diniz, que tocava cavaquinho e estava muito feliz por estar na frente dele, tocando pra ele. Depois dessa noite, aprendi a andar por Shibuya. Tóquio é demais! Eu dei uma longa entrevista para o Jim Nakahara, da revista *Latina*. É impressionante o conhecimento que o Jim tem da música e dos músicos brasileiros.

A pedido do meu selo japonês Rip Curl, lancei meu segundo CD no Japão, *Bem aqui*, título de uma parceria minha com Arnaldo Antunes. Esse álbum segue o mesmo caminho do anterior. Fiquei pensando que devia escrever algo agradecendo aos japoneses que gostam do meu trabalho, que compraram o meu CD e que estão me dando a oportunidade de seguir com a minha carreira, me inspirando a compor mais. Foi desse texto que este livro nasceu.

Obrigado, Japão!

MEU COMEÇO É O MEU CAMINHO

Quando comecei a escrever aquele texto foi um processo natural revisitar as minhas lembranças. Percebi com gratidão que acabei presenciando momentos bem legais das últimas décadas da música brasileira. Eu me lembrei que sempre que contava essas histórias as pessoas me diziam:

— Dadi, você tem que escrever um livro!

E escrevi. Eu não sabia como começar, mas as palavras e as lembranças brotaram rápidas na minha mente. Graças a um texto que escrevia para um povo do outro lado do mundo, com uma realidade tão diferente da minha, mas com uma sintonia incrível comigo, *Meu caminho é chão e céu* nasceu em dois meses de trocas de e-mails com minha primeira revisora de texto, querida irmã e cúmplice das minhas histórias, Heloisa Maria Carvalho Tapajós, a Losinha, que com sua energia maravilhosa empolgou minha inspiração.

Na minha vida, eu quase nunca tive que tomar decisões... Quase. As coisas foram acontecendo como se eu fosse uma pipa com um vento me levando cada hora em uma direção. Continuo tentando ficar leve para que esse vento não precise fazer esforço pra me levar adiante.

Até hoje eu continuo a ser o baixista da Banda do Zé Pretinho sempre que posso. E é quando eu sinto a música no mais alto grau de magia, com meu mestre Jorge Ben Jor. Até hoje, tenho o prazer delicioso de acompanhar Marisa Monte no seu caminho brilhante nos palcos do Brasil e do mundo. Tenho o privilégio incrível de ver a minha família compartilhar comigo a sensação de criar ou de ouvir uma canção, como quem cria e divide os seus respectivos caminhos.

Daqui a pouco tenho que passar o som no teatro — vamos tocar hoje à noite com meu mestre Jorge Ben Jor. E acabo de fazer umas revisões nestas histórias que eu contei aqui.

Para mim, música é magia. Tem momentos que é o meu remédio, me traz sensações de volta, e eu preciso delas. Aos treze anos, eu ouvi pela primeira vez Jorge Ben Jor e decidi: quero ser músico. E hoje, mais de quarenta anos depois, estou aqui para tocar com ele, como se fosse apenas um começo. Como o garoto sonhando em 1963 Na verdade, estou sempre começando.

DISCOGRAFIA

Solo

Dadi (Impartmaint/Rip Curl, Japão, CD, 2005; Som Livre, CD, 2007)
Bem aqui (Impartimaint/Rip Curl, Japão, CD, 2008)

Como integrante do grupo Os Novos Baianos

Novos Baianos + Baby Consuelo no final do Juízo (Philips, compacto duplo, 1971)
Acabou chorare (Som Livre, LP, 1972)
Novos Baianos F.C. (Continental, LP, 1973)
Novos Baianos — Linguagem do alunte (Continental, LP, 1974)
Vamos pro mundo (Som Livre, LP, 1975)
Infinito circular (PolyGram, CD, 1997)

Como integrante do grupo A Cor do Som

A Cor do Som (Warner, LP, 1977)
A Cor do Som ao vivo em Montreux (WEA, LP, 1978)
Frutificar (WEA, LP, 1979)
Transe total (WEA, LP, 1980)
Mudança de estação (WEA, LP, 1981)
Magia tropical (WEA, LP, 1982)
As quatro fases do amor (WEA, LP, 1983)
Intuição (WEA, LP, 1984)
O som da Cor (WEA, LP, 1985)
Gosto do prazer (RCA Victor, LP, 1987)
A Cor do Som ao vivo no Circo (Movieplay, CD, 1996)
A Cor do Som acústico (Sony BMG Music, CD/DVD, 2005)

**Participações como integrante do grupo
A Cor do Som**

Brasileirinho – I Festival Nacional do Choro – As 12 finalistas (Clack/Bandeirantes Discos, 1977) – participação na faixa "Espírito infantil" (Mú Carvalho)
Ópera do malandro (Philips, LP, 1979) – faixa "Hino de Duran" (Chico Buarque)
Erasmo Carlos convida... (Polydor, LP, 1980) – faixa "Sou uma criança, não entendo nada" (Erasmo Carlos e Ghiaroni)

Como integrante do grupo Tigres de Bengala

Tigres de Bengala (PolyGram, LP/CD, 1993)

Com Jorge Ben Jor

Solta o pavão (Philips, LP, 1975)
África Brasil (Philips, LP, 1976)
Tropical (Philips, LP, 1977)
A Banda do Zé Pretinho (Som Livre, LP, 1979)
Acústico Jorge Ben Jor (Universal Music, LP/CD/DVD, 2002)

Com Barão Vermelho

Na calada da noite (Warner Music, LP/CD, 1990)

Com Caetano Veloso

Circuladô vivo (PolyGram, LP/CD, 1992)

Com Marisa Monte

Barulhinho bom (EMI Music, CD/DVD, 1996)
Memórias, crônicas e declarações de amor (Phonomotor Records/EMI, CD, 2000).
Infinito particular (Phonomotor Records/EMI, CD, 2006)
Universo ao meu redor (Phonomotor Records/EMI, CD, 2006
O que você quer saber de verdade (Phonomotor Records/EMI, CD, 2011)
Verdade, uma ilusão (Phonomotor Records/EMI, DVD, 2014)

Com Marisa Monte, Arnaldo Antunes e Carlinhos Brown

Tribalistas (EMI Music, CD/DVD, 2002)

Com Rita Lee

Balacobaco (Som Livre, CD, 2003)
MTV ao vivo (EMI, CD/DVD, 2004)

Este livro foi composto na tipologia Univers 57 Condensed, em corpo 9,6/14, e impresso em papel off-set $90g/m^2$ no Sistema Cameron da Divisão Gráfica da Distribuidora Record.